지저스 퍼스트

지저스 퍼스트

지은이 | 고명진
초판 발행 | 2018. 4. 11
4쇄 발행 | 2018. 7. 31.
등록번호 | 제1988-000080호
등록된 곳 | 서울특별시 용산구 서빙고로65길 38
발행처 | 사단법인 두란노서원
영업부 | 2078-3352   FAX | 080-749-3705
출판부 | 2078-3331

책값은 뒤표지에 있습니다.
ISBN 978-89-531-3111-8 03230

독자의 의견을 기다립니다.
tpress@duranno.com   www.duranno.com

두란노서원은 바울 사도가 3차 전도여행 때 에베소에서 성령 받은 제자들을 따로 세워 하나님의 말씀으로 양육
하던 장소입니다. 사도행전 19장 8-20절의 정신에 따라 첫째 목회자를 돕는 사역과 평신도를 훈련시키는 사역,
둘째 세계선교(TIM)와 문서선교 (단행본·잡지) 사역, 셋째 예수문화 및 경배와 찬양 사역, 그리고 가정·상담 사역 등을
감당하고 있습니다. 1980년 12월 22일에 창립된 두란노서원은 주님 오실 때까지 이 사역들을 계속할 것입니다.

지저스
퍼스트

나는
무엇으로
사는가

고명진 지음

JESUS
FIRST

두란노

목차

PART 1
깨닫다

PART 2
다스리다

PART 3
행하다

인터넷 종합 쇼핑몰 아마존에서 53주 연속 베스트셀러를 기록한 《신경 *끄기*의 기술》(*The Subtle Art of Not Giving A F*Ck*, 갤리온 역간)이라는 책이 있습니다. 자기계발에 관한 내용을 담은 책인데, 그중 제 마음에 오랫동안 각인된 글귀가 있습니다.

"나는 원하는 바를 성취하는 법을 알려 줄 생각이 없다. 대신 포기하고 내려놓는 법에 대해 말할 것이다. 인생의 목록을 만든 다음, 가장 중요한 항목만을 남기고 지워 버리는 방법을 안내할 것이다."

저자는 가장 중요한 것만 남기고 모두 지우라고 말합니다. 진정 인생을 의미 있게 만드는 길은 수많은 선택지를 거부하고 한 가지에 몰입하는 것이라고 강조합니다. 누군가 저에게 "가장 중요한 한 가지만 빼고 모두 지워야 한다면, 그 한 가지는 무엇인가요?" 하고 묻는다면, 서슴없이 대답할 것입니다.

"예수님을 닮아 가는 것."

하나님의 은혜로 구원 받은 사람들에게 가장 중요한 가치, 둘도 없는 인생의 목적은 바로 예수님을 닮아 가는 것입니다.

그렇지만 예수님을 닮기는 말처럼 쉬운 일이 아닙니다. 38년 넘게 목회를 하고 있고, 어머니 뱃속에서부터 신앙을 유산으로 물려받은 모태신앙인이지만 제게도 그것은 참 어려운 숙제입니다. 사탄이 세상의 온갖 좋은 것들로 유혹하며 예수님을 닮고자 하는 우리의 노력과 의지를 꺾어 놓기 때문입니다. 예수님을 사랑해서 그분과 닮고자 하는 사람이라면 모두 저와 같은 고민과 숙제를 안고 있을 것입니다.

《지저스 퍼스트》는 '어떻게 하면 예수님을 더 닮아 갈 수 있을까?'를 놓고 끊임없이 발버둥 쳐 왔으나, 예수님과의 거리는 여전히 너무도 먼 제 자신을 본 흔적입니다. 또한 저처럼 예수님을 닮아 가기 위해 발버둥 치는 사람들에게 '그렇지만 우리 함께해 봅시다'라고 독려하는 제 마음입니다.

세상이 교회를 바라보는 시각은 매우 부정적입니다. 교회는 신뢰를 잃었고 목회자의 권위는 땅에 떨어졌습니다. 교회도 스스로 위기라고 진단하지만 뚜렷한 대안은 내놓지 못하고 있습니다. 그럼에도 불구하고 저는 한국 교회에 희망이 있다고 말하고 싶습니다. 예수님을 닮고자 애쓰는 사람들이 있다면, 그들이 곧 교회의 희망이 될 것이기 때문입니다.

이 책으로 인해 '예수님을 닮기 위해 애쓰겠노라' 하는 고백이 곳곳에서 나오길 소망합니다. 그들로 인해 교회가 신뢰를 회복하고, 함께 희망을 노래했으면 좋겠습니다.

마지막으로 책이 나오기까지 수고와 기도로 함께해 준 사랑하는 중앙교회 성도들과 두란노 가족들에게 감사를 전합니다.

예닮소원 고명진 목사

1 JESUS
FIRST

PART 1

깨닫다

그러나 너희 생각에는 어떠하냐 어떤 사람에게 두 아들이 있는데 맏아들에게 가서 이르되 얘 오늘 포도원에 가서 일하라 하니 대답하여 이르되 아버지 가겠나이다 하더니 가지 아니하고 둘째 아들에게 가서 또 그와 같이 말하니 대답하여 이르되 싫소이다 하였다가 그 후에 뉘우치고 갔으니 그 둘 중의 누가 아버지의 뜻대로 하였느냐 이르되 둘째 아들이니이다 예수께서 그들에게 이르시되 내가 진실로 너희에게 이르노니 세리들과 창녀들이 너희보다 먼저 하나님의 나라에 들어가리라 요한이 의의 도로 너희에게 왔거늘 너희는 그를 믿지 아니하였으되 세리와 창녀는 믿었으며 너희는 이것을 보고도 끝내 뉘우쳐 믿지 아니하였도다

마태복음 21:28-32

예수님이 성전에 들어가 사람들을 가르치시기 시작하자 대제사장과 백성의 장로들은 심기가 매우 불편해졌습니다. 가장 기뻐하고 좋아해야 할 대제사장들과 장로들이 왜 예수님이 가르치시는 것을 불편해 했을까요? 예수님을 따르는 무리가 많아졌기 때문입니다. 자기들을 따르던 사람들이 예수님을 따르기 시작하자 그들의 심기가 불편해진 것입니다.

그래서 예수님께 시비를 걸었습니다.

"도대체 누가 그렇게 가르치라고 했느냐? 무슨 권세로 가르치느냐? 네가 가르치는 것이 어디로부터 왔느냐?"

그러자 예수님이 대답하셨습니다.

"너희한테 물어볼 것이 있다. 너희가 대답하면 나도 너희가 묻는 말에 대답할 것이다. 요한이 침례(세례)를 베풀고 가르치는데 요한이 하늘로부터 왔느냐, 사람으로부터 왔느냐?"

대제사장과 장로들은 할 말을 잃었습니다. 하나님께로부터 왔다고 하면 왜 침례(세례) 요한을 믿지 않았느냐고 할 것이고, 사람으로부터 왔다고 하면 침례(세례) 요한을 선지자로 여기는 많은 사람들의 반발에 부딪칠 것이기 때문입니다.

그래서 그들은 서로 의논한 후에 "우리는 알지 못한다"라고 대답했습니다. 그러자 예수님이 "몰라? 그러면 나도 말하지 않겠다"라고 대답하신 뒤에 이야기하신 것이 다음의 비유입니다.

포도원 농부의 두 아들 이야기

두 아들을 둔 포도원 농부가 어느 날 큰아들을 불러 "얘, 오늘 포도밭에 가서 일해라"고 했습니다. 그러자 큰아들이 "예, 알겠습니다" 하고 대답만 하고 포도밭에 가지 않았습니다. 농부가 둘째 아들을 불러 "너 포도밭에 가라"고 하자 둘째 아들은 "싫습니다. 안 가겠습니다" 하고는 가만히 생각해 보니 아버지 말씀에 순종해야 할 것 같아서 뉘우치고 포도밭으로 가서 일을 했습니다.

예수님은 이 비유를 들려주신 뒤 그들에게 물었습니다.

"둘째 아들이 아버지의 뜻대로 한 것이냐, 큰아들이 아버지의 뜻대로 한 것이냐?"

누가 아버지의 뜻대로 한 것입니까?

예수님이 둘째 아들이 아버지의 뜻대로 한 것이라면서 강조하신 말씀이 있습니다.

본래 가지 않으려 했으나 그 길에서 뉘우치고 돌이켜 일하러 갔다는 것입니다. 돌이켰다는 것은 바꿔 말하면 회개했다는 뜻입니다.

돌이키고 돌아온 탕자

누가복음 15장에는 돌아온 탕자 이야기가 나옵니다. 어떤 아버지에게 두 아들이 있었습니다. 그런데 둘째 아들이 어느 날 아버지한테 와서 말합니다.

"아버지, 어차피 아버지 돌아가시면 재산을 나누어 줄 텐데, 저한테 돌아올 분깃을 미리 좀 주십시오."

아버지는 둘째 아들에게 분깃을 나누어 주었습니다. 그랬더니 이 아들이 며칠 안 되어 받은 유산을 싹 팔아 정리해서 아버지 곁을 떠나 버렸습니다. 아버지의 통제도 받지 않고 아버지의 그늘도 없는 이방 나라로 가 버렸습니다.

둘째 아들은 그곳에서 창기들과 지내며 허랑방탕한 삶을 살았습니다. 결국엔 가진 돈을 모두 탕진하게 되었습니다. 돈이 없으니 더 이상 먹고 살 수가 없었습니다. 그 당시 사람들이 가장 천한 일로 여기던 돼지 치는 일을 하며, 돼지들이 먹는 쥐엄나무 열

매라도 먹으려 했으나 그마저 주는 이가 없었습니다. 얼마나 배
고프고 신세가 처량한지 그 냄새나는 돼지우리에서 생각합니다.

'우리 아버지 집에는 양식이 풍족한 품꾼이 얼마나 많은가.
나는 여기서 굶어 죽는구나. 내가 일을 하자니 힘이 없고, 얻어
먹자니 정말 부끄럽구나. 집으로 돌아가야겠다.'

그는 아버지의 아들이 아니라 품꾼이 될지라도 아버지 곁에
머무는 것이 사는 길이라고 생각하고 아버지의 집으로 돌아갔
습니다. 심중에 회개하고 돌이킨 것입니다.

아버지 집이 멀리 보일 때쯤, 아버지가 먼저 그를 알아보았
습니다. 아버지는 동구 밖에서 비틀거리며 걸어오는 초라한 모
습만 보고도 둘째 아들이라는 것을 직감했습니다. 아버지는 아
들을 향해 달려가 그를 끌어안고 입을 맞추었습니다. 그리고 집
에 데려와 목욕을 시키고, 새 옷을 입히고, 가락지를 끼우고, 새
신발을 신겨 주었습니다. 종들을 시켜 살진 송아지를 잡아서 잔
치를 벌였습니다.

큰아들은 그것도 모르고 밭에서 열심히 일하다 저녁이 되어
서야 집에 돌아와 잔치가 열린 것을 발견했습니다. 큰아들이 종
들을 불러 "우리 집에 웬 잔치냐?"고 묻자, 종들이 "당신의 동생
이 돌아와서 주인님이 잔치를 벌였습니다"라고 대답했습니다.
순간 큰아들은 부아가 치밀었습니다.

'나는 지난 여러 해 동안 집에서 열심히 일하며 아버지를 돕고 섬겼건만 나와 내 친구들을 위해서는 염소 새끼 한 마리도 잡아서 잔치를 벌인 일이 없지 않은가? 그런데 아버지는 재산을 창기와 함께 탕진해 버린 아들이 돌아왔다고 이렇게 잔치를 벌인단 말인가.'

형은 자기 동생이 아버지께 받은 분깃을 멀리 타국에 가서 창기들과 함께 다 탕진했다는 것을 이미 알고 있었습니다. 그래서 아버지가 그런 아들이 돌아왔다고 잔치를 벌인 것을 이해할 수도 없고 화도 나서 집에 들어가지 않고 밖에 서 있었습니다. 아버지가 그것을 알고 밖에 나와 큰아들을 달랬습니다.

"얘야, 너는 항상 나와 함께 있으니 이 집에 있는 것이 다 네 것이고, 내 것도 다 네 것인데 뭘 그러느냐. 들어와라. 네 동생은 죽었다가 살아났고 내가 잃어버렸다가 다시 찾았으니, 어찌 즐겁고 기쁜 일이 아니겠느냐."

큰아들이 섭섭할 만했습니다. 하지만 그가 옳은 말을 했을지라도 한 가지 없는 것으로 인해 그는 옳지 않습니다. 바로 사랑입니다. 큰아들에게는 '의'는 있었지만 '사랑'은 없었습니다. 아버지가 진정 원하는 것이 무엇이었을까요? 집에서 농사일만 열심히 하는 것이었을까요?

큰아들이 아버지의 마음을 이해했다면 "아버지, 제가 올해는 농사를 못 짓더라도 아버지가 그토록 염려하시는 동생을 찾아보겠습니다" 하고 말해야 했습니다. 하지만 큰아들은 아버지를 위하여 열심히 일한다고 생각했을 뿐, 진짜 아버지의 마음은 알아주지 못했습니다.

오늘날로 바꿔 말해 볼까요?

'나만 열심히 예수 믿고, 봉사하고, 복 받으면 되지. 옆집 사람이 예수를 믿든 말든 무슨 상관이냐.'

이런 사람은 겉으로 보기엔 열심 있는 사람, 괜찮은 사람처럼 보이지만 하나님이 보시기엔 탕자의 비유에 나오는 큰아들과 같을 뿐입니다.

하나님은 자기가 옳다고 여기는 대로 사는 사람을 기뻐하시지 않습니다. 하나님의 마음에 맞는 일을 하는 사람을 기뻐하십니다.

내 배우자는 하나님께 돌아왔는가? 내 주변에 아직 돌아오지 않은 사람은 누구인가? 어떻게 하면 그들에게 복음을 전해 하나님께로 돌아오게 할 것인가? 우리의 관심이 여기에 있어야 합니다.

우리 주변에 아직 돌아오지 못한 사람을 찾아보십시오. 그 사람을 기다리시는 하나님의 마음이 느껴집니까? 안타까워하시는 아버지의 마음으로 그 사람을 찾고 있습니까?

회개는 뉘우치고 돌아서는 것

세상에는 두 종류의 사람이 있습니다. 하나님을 향해 서 있는 사람과 하나님을 등지고 서 있는 사람입니다. 우리는 모두 하나님을 등지고 살았습니다. 하지만 하나님의 은혜로 뉘우치고 돌아서서 하나님을 향해 서게 되었습니다. 뉘우치고 돌아서는 것을 회개라고 합니다.

사실 회개라는 말보다 회심이라는 말이 정확합니다. 헬라어 성경에 '메타노이아'라고 기록된 이 단어는 '마음을 바꾸다', '의식을 변화시키다'라는 뜻입니다. 무엇으로부터입니까? 바로 죄로부터 돌이키는 것을 말합니다.

죄란 무엇입니까? 우리는 죄를 네 가지로 나누어 볼 수 있습니다.

첫째는 불법(不法)입니다. 법을 어기는 것이 죄입니다. 교통법규, 상법, 민법, 형법 등 국가에서 정한 규범을 하나라도 어기면 그것이 죄입니다.

둘째는 불의(不義)입니다. 요한일서 5장 17절은 "모든 불의가 죄로되…"라고 말씀합니다. 공동번역에는 불의가 '옳지 못한 일'로 번역되었습니다. 부정한 방법으로 재산을 축적하거나 거짓말로 위기를 모면하려는 행동, 타인을 향한 불공평한 태도 등 정의롭지 못한 모든 생각과 행동이 죄입니다.

셋째는 불선(不善)입니다. 선을 행할 줄 알고도 행치 아니하면 죄입니다. 세상은 불선을 죄라 여기지 않습니다. 그러나 성경은 그것을 죄라고 합니다. 어려운 사람을 도와줘야 한다는 것을 알면서도 도와주지 않는 것도 죄입니다.

그러므로 사람이 선을 행할 줄 알고도 행하지 아니하면 죄니라
약 4:17

마지막 넷째는 불신(不信)입니다. 예수님을 믿지 않는 것이 죄입니다. 아무리 착하게 살아도, 아무리 공부를 잘해서 좋은 대학에 들어가도 예수님을 믿지 않으면 죄입니다. 결정적으로 천국에 들어가고 못 들어가고는 얼마나 착하게 사느냐, 얼마나 열심히 사느냐, 얼마나 나누며 사느냐에 있지 않습니다. 오직 하나, 예수님을 믿느냐, 안 믿느냐에 달려 있습니다.

죄에 대하여라 함은 그들이 나를 믿지 아니함이요 요 16:9

어떤 사람이 목포 가는 기차를 탔습니다. 그런데 기차가 출발하고 보니 목포 가는 기차가 아니고 부산 가는 기차였습니다. '아차, 잘못되었구나' 하고 생각한 순간부터 그는 옆에 있는 사

람들에게 열심히 착한 일을 하고, 맛있는 것도 나눠 주고, 돈도 주고, 재미있는 이야기도 해 주고 내렸습니다. 이 사람은 목포에 내릴 수 있습니까? 아닙니다. 그가 내린 곳은 부산이었습니다.

기차를 잘못 탔다는 것을 알았으면 빨리 내려서 바꿔 타야 원하는 목적지에 갈 수 있습니다. 그렇지 않으면 아무리 좋은 일을 하고, 착한 일을 해도 목적지에 이를 수 없습니다. 마찬가지로 지옥 가는 차에 타고 있는 사람은 그 안에서 아무리 선하게 살아도 지옥에 갈 수밖에 없습니다. 천국 가는 차를 탄 사람, 다시 말해 믿음으로 살아가는 사람은 약간의 실수와 잘못이 있어도, 결국에는 천국에 가게 되어 있습니다.

돌이키는 자에게 주시는 복

내가 잘못 탔다고 생각하는 순간 그것을 깨닫고, 뉘우치고, 차를 바꿔 타는 것을 성경은 '회개' 또는 '회심'이라고 합니다. 깨닫고, 뉘우쳐, 돌이키는 사람에게 하나님이 주신 약속의 말씀이 있습니다.

> 히스기야가 마음의 교만함을 뉘우치고 예루살렘 주민들도 그와
> 같이 하였으므로 여호와의 진노가 히스기야의 생전에는 그들에게
> 내리지 아니하니라 대하 32:26

히스기야는 남유다의 왕입니다. 히스기야와 남유다의 수도인 예루살렘에 살던 백성들이 함께 교만함을 뉘우치자 여호와의 진노가 히스기야가 살아 있는 동안에는 임하지 않았습니다. 뉘우치고 돌이켰기 때문입니다.

> 나의 책망을 듣고 돌이키라 보라 내가 나의 영을 너희에게 부어 주며 내 말을 너희에게 보이리라 잠 1:23

하나님이 책망하실 때 제대로 알아듣고 돌이키면, 하나님이 그들에게 성령을 부어 주신다고 약속하셨습니다. 누가 성령을 받습니까? 하나님이 책망하고 깨우치실 때, 뉘우치고 돌이켜 회개하는 자에게 성령을 부어 주십니다.

> 그가 이르시기를 너희는 각자의 악한 길과 악행을 버리고 돌아오라 그리하면 나 여호와가 너희와 너희 조상들에게 영원부터 영원까지 준 그 땅에 살리라 렘 25:5

잘못된 길에서, 죄악의 길에서, 악행의 길에서 돌이키면 하나님이 약속하신 땅에 들이겠다고 말씀하십니다. 에스겔은 이렇게 권면합니다.

주 여호와의 말씀이니라 나의 삶을 두고 맹세하노니 나는 악인이 죽는 것을 기뻐하지 아니하고 악인이 그의 길에서 돌이켜 떠나 사는 것을 기뻐하노라 이스라엘 족속아 돌이키고 돌이키라 너희 악한 길에서 떠나라 어찌 죽고자 하느냐 하셨다 하라 겔 33:11

주 여호와의 말씀이니라 이스라엘 족속아 내가 너희 각 사람이 행한 대로 심판할지라 너희는 돌이켜 회개하고 모든 죄에서 떠날지어다 그리한즉 그것이 너희에게 죄악의 걸림돌이 되지 아니하리라 겔 18:30

만일 의인이 돌이켜 그 공의에서 떠나 죄악을 범하면 그가 그 가운데에서 죽을 것이고 만일 악인이 돌이켜 그 악에서 떠나 정의와 공의대로 행하면 그가 그로 말미암아 살리라 겔 33:18-19

아무리 선하게 살던 사람도 악을 행하면 그 악행 때문에 죽을 것이나, 지금까지 아무리 악하게 살았더라도, 하나님의 말씀을 듣고 회개하고 돌이키면 살 것이라고 말씀하고 있습니다. 성경 속 수많은 구절들을 통해 돌이키라고 권면하시는 하나님의 마음이 느껴집니까?

누구든지 돌이키기만 하면

1827년에 태어나 78년을 살다 간 '루 월리스'(Lew Wallace)라는 사람이 있습니다. 젊은 시절 그는 하나님이 살아 계신다고 말하는 친구들의 얘기가 너무 듣기 싫었습니다. 친구들이 교회 다니는 것도 꼴사나웠습니다.

그는 예수 믿는 친구들만 보면 "성경은 하나님의 말씀도 아니고, 성경에는 말도 안 되는 이야기만 기록되어 있다. 죽은 사람이 무덤에서 다시 살아난다는 게 말이나 되냐? 사람이 물 위를 걸었다는데, 그런 말도 안 되는 거짓말이 어디 있느냐"라고 공박했습니다.

그러던 어느 날 그는 아무리 말해도 예수 믿으라고만 말하는 친구들을 조목조목 반박하기 위해 직접 성경을 읽기로 했습니다. 처음에는 읽어도 이해가 잘 안 되어 몇 번을 거듭해서 읽었습니다. 그런데 어느 순간부터 마음에 변화가 일어나기 시작하더니 마침내 대성통곡을 하며 기도했습니다.

"하나님 제가 정말로 잘못했습니다. 하나님 이렇게 살아 계신데, 눈에 보이지 않는다고 하나님이 안 계신다고 생각했습니다. 이제는 하나님이 살아 계신다는 것을 확실히 믿습니다."

그리고 나서 그가 쓴 책이 바로 《벤허》(BEN HUR, 1880)입니다. 영화로도 만들어진 이 작품으로 전 세계 수많은 사람들이 예수님을 믿게 되었습니다.

주님 앞에 돌아오면 그가 어떤 사람일지라도 하나님은 귀하게 쓰십니다. 초대교회 성도들을 극심하게 박해하던 사울도 돌아와 바울이 되었습니다. 하나님을 그렇게 박해하던 루 월리스도 돌아와 수많은 사람들을 예수님께로 인도했습니다. 오늘도 하나님은 돌이키는 자에게 성령을 부어 주셔서 역사에 위대한 흔적을 남기게 하십니다.

돌이키십시오. 무슨 죄를 지었어도 돌이키기만 하면 됩니다. 그러나 인간적으로 아무리 선하게 살았어도 주님께로 돌아오지 않으면 구원의 희망이 없습니다. 우리의 삶을 돌이키십시오. 포도원 농부의 둘째 아들처럼 처음에는 안 간다고 했어도 괜찮습니다. 하나님께 실망을 드렸어도 괜찮습니다. 뉘우치고 돌이키기만 하면 그는 하나님의 뜻대로 사는 사람이라고 인정받을 수 있습니다.

주님 품으로 돌아오라

《그리스도를 본받아》(De Imitatione Christi)라는 책을 쓴 토마스 아 켐피스(Thomas a Kempis)는 "죄를 범하고 힘들게 변명하는 것보다 참회의 눈물을 흘리는 쪽이 더 낫다"고 말했습니다. 《실낙원》(Paradise Lost, 1667)의 저자 존 밀턴(John Milton)은 "회개는 영원의 궁전을 여는 황금열쇠다"라고 말했습니다. 종교개혁자 마틴 루터(Martin Luther)는 "다시는 되풀이하지 않는 것이 진정한 회개다"라고 했습니다. 유명한 극작가인 셰익스피어(William Shakespeare)는 "회개는 마음에서 우러나는 후회이며 깨끗한 삶을 수반한다"라고 말했습니다.

돌이키는 자는, 그 누구든지 주님이 품어 주시고 용서하십니다. 조용히 자신을 한 번 돌아보십시오. 주님의 말씀과 너무 동떨어져 살아가는 모습이 있지는 않습니까? 아버지는 온몸에 돼지 똥 냄새가 나는 탕자도 품어 주셨습니다. 주님은 뉘우치는 사람, 돌이키는 사람을 절대 거부하지 않으십니다.

"오! 주님, 제가 오늘 돌이킵니다. 그동안 주님을 믿지 못하고 주님 말씀대로 살지 않았던 것, 주님 용서해 주십시오. 정직하게 살지 못했던 것, 부모님 말씀에 순종하지 못했던 것, 이웃에게 사랑을 베풀지 못했던 것 모두 뉘우칩니다. 보아서는 안 될 것을 보고 살았습니다. 만져서는 안 될 것을 만지면서 살았습니다. 가지 말아야 할 곳에 갔던 발걸음을 주여 돌이킵니다. 용서해 주십시오."

우리가 이렇게 돌이키며 고백할 때, 주님은 우리를 용서해 주십니다. 지금 예수님께로 돌이키십시오. 회개하고, 자복하며, 통회하는 마음으로 주님 앞에 돌아오십시오. 주님이 보듬어 주시고, 안아 주시고, 사랑을 베풀어 주십니다. 돌아오기만 하면 "참 잘 돌아왔다. 그동안 얼마나 힘들었니. 돌아온 너를 위해 마련한 근사한 축복의 상이 있단다. 이제부터 나와 영원히 함께 하자꾸나" 하고 말씀하시는 주님의 음성을 듣게 될 것입니다.

02   **관점을 바꿔라**

예수께서 들으시고 배를 타고 떠나사 따로 빈 들에 가시니 무리가 듣고 여러 고을로부터 걸어서 따라간지라 예수께서 나오사 큰 무리를 보시고 불쌍히 여기사 그중에 있는 병자를 고쳐 주시니라 저녁이 되매 제자들이 나아와 이르되 이곳은 빈 들이요 때도 이미 저물었으니 무리를 보내어 마을에 들어가 먹을 것을 사 먹게 하소서 예수께서 이르시되 갈 것 없다 너희가 먹을 것을 주라 제자들이 이르되 여기 우리에게 있는 것은 떡 다섯 개와 물고기 두 마리뿐이니이다 이르시되 그것을 내게 가져오라 하시고 무리를 명하여 잔디 위에 앉히시고 떡 다섯 개와 물고기 두 마리를 가지사 하늘을 우러러 축사하시고 떡을 떼어 제자들에게 주시매 제자들이 무리에게 주니 다 배불리 먹고 남은 조각을 열두 바구니에 차게 거두었으며 먹은 사람은 여자와 어린이 외에 오천 명이나 되었더라

마 14:13-21

손희영 목사님의 책《믿음의 전환》(복있는사람, 2015)에 따르면 2세기경 프톨레마이오스(Ptolemaios)라는 사람이《알마게스트》(Almagest)라는 천문학 책을 집필하면서 '천동설'을 주장했습니다. 천동설이란 태양과 별들이 지구를 중심으로 그 주위를 돌고 있다는 가설입니다. 이 천동설은 천 년 이상 사람들의 우주관을 지배했습니다.

16세기에 이르러서 천문학자이자 로마가톨릭교회의 사제인 코페르니쿠스(Copernicus)는 오랜 연구 끝에 지구가 태양의 주위를 돈다는 결론을 얻게 되었습니다. 이를 '지동설'이라 부릅니다.

그러나 중세 유럽을 지배하던 가톨릭교회가 천동설을 지지했기 때문에 지동설은 사람들의 지지를 얻을 수 없었습니다. 코페르니쿠스 자신도 가톨릭교회 사제였기 때문에 지동설을 끝까지 주장할 수 없었습니다. 코페르니쿠스 이후로도 여러 학자들이 지동설을 주장했지만, 탄압을 이겨 내기가 쉽지 않았습니다.

우리가 잘 아는 갈릴레이도 지동설을 주장했지만, 결국 가톨릭 교회의 탄압으로 지동설을 철회해야 했습니다.

우주를 이해하는 관점이 천동설에서 지동설로 바뀌는 데는 참으로 오랜 시간이 걸렸습니다. 관점의 전환이 얼마나 어려운 것인지 잘 보여 주는 사례라고 할 수 있습니다. 그래서 칸트 (Immanuel Kant)는 그의 책 《순수이성 비판》(Kritik der reinen Verunuft, 1781)에서 관점의 전환, 세계관의 변혁을 일컬어 '코페르니쿠스적 대전환'이라고 불렀습니다.

관점을 바꾸는 일은 쉽지 않습니다. 그러나 관점을 바꿀 때 우리의 삶은 비로소 변화하기 시작합니다. 예수님의 행적을 살펴보면, 그분은 사람들의 관점을 바꾸는 일을 많이 하셨습니다. 오병이어 사건도 그중 하나라고 할 수 있습니다.

같은 상황, 다른 관점

마태복음, 마가복음, 누가복음 이 세 복음서를 '공관복음'이라고 하는데, 같을 공(公), 볼 관(觀), 즉 같은 관점에서 보았다는 의미입니다. 여기에 요한복음을 합해서 사복음서라고 합니다. 동일한 사건이 마태복음에는 기록되어 있지만, 요한복음에는 기록되어 있지 않은 경우도 있습니다. 예수님의 탄생 기사 같은 경우가 그렇습니다.

복음서에는 예수님이 보여 주신 기적을 많이 기록해 놓았는데, 사복음서 모두에 기록된 기적은 오병이어 기적이 유일합니다. 그만큼 오병이어 기적이 미치는 영적인 영향력이 크다고 말할 수 있습니다.

오병이어 사건은 예수님과 제자들이 벳새다 광야에 있을 때 일어난 일입니다. 많은 사람이 하루 종일 예수님의 말씀을 들었습니다. 성경엔 남자만 5천 명이나 되었다고 기록되었는데, 어린아이와 여자들까지 합하면 약 2만 명은 되지 않았을까 싶습니다.

그 많은 사람들이 벳새다 광야에서 예수님의 말씀을 듣던 중 날이 저물었습니다. 제자들은 끼니가 걱정되어 예수님께 "이 사람들을 마을로 보내서 먹을 것을 사 먹게 하소서"라고 말했습니다. 예수님이 하나님의 아들임을 믿었다면 "주님 오늘 기적을 베푸셔서 이 사람들을 좀 먹여 주십시오!" 했을 텐데 그들은 그렇게 하지 않았습니다.

그때 예수님은 "갈 것 없다. 너희가 먹을 것을 주라"고 말씀하셨습니다. 드러난 현상을 바라보는 예수님의 관점과 제자들의 관점이 전혀 다릅니다.

제자들은 당시 날이 저무는 시간에 헤아릴 수 없이 많이 모인 군중을 보고 그들을 서둘러 마을로 보내야 한다고 생각했습니다. 아마 우리라도 제자들과 같은 제안을 했을 것입니다. 가장 현실적이기 때문입니다.

예수님은 제자들과는 달리 그 상황을 하나님 나라를 가르치고, 자신이 메시아임을 나타낼 수 있는 기회로 보셨습니다. 우리의 관점과 예수님의 관점은 이렇게 큰 차이가 있습니다.

관점이 달라서 예수님과 갈등한 사람들

제자들이 어부 출신의 우매한 사람들이라 이렇게 다른 생각을 했을까요? 그렇지 않습니다. 당시 지도층이던 종교 지도자들도 다르지 않았습니다. 종교 지도자들은 예수님과 전혀 다른 관점을 가지고 율법을 해석하고 적용했습니다. 심지어 자기들과 관점이 다른 예수님을 싫어해서 죽이려는 계획까지 세웠습니다.

> 한쪽 손 마른 사람이 있는지라 사람들이 예수를 고발하려 하여 물어 이르되 안식일에 병 고치는 것이 옳으니이까 예수께서 이르시되 너희 중에 어떤 사람이 양 한 마리가 있어 안식일에 구덩이에 빠졌으면 끌어내지 않겠느냐 사람이 양보다 얼마나 더 귀하냐 그러므로 안식일에 선을 행하는 것이 옳으니라 하시고 이에 그 사람에게 이르시되 손을 내밀라 하시니 그가 내밀매 다른 손과 같이 회복되어 성하더라 바리새인들이 나가서 어떻게 하여 예수를 죽일까 의논하거늘 마 12:10-14

예수님이 회당에 들어가셔서 한쪽 손이 마른 사람을 만나셨습니다. '손 마른 사람'이란 한쪽 손을 못 쓰는 장애인을 말합니다. 손이 말랐다는 것은 영적인 의미로 섬김의 손, 드림의 손, 나눔의 손이 없는 나밖에 모르는 사람으로 해석할 수도 있습니다. 바리새인들은 안식일에는 절대로 일을 해서는 안 된다는 관점을 가지고 있었기 때문에 예수님이 만일 손 마른 자를 고쳐 준다면 그것으로 트집 잡을 계획이었습니다.

그때 예수님이 말씀하셨습니다.

"만약 안식일에 너희 집 양이 구덩이에 빠지면 끌어내지 않겠느냐? 하물며 사람을 구해 내는 일을 하는 것이 당연하지 않느냐?"

안식일에 대한 주님의 관점은 무엇입니까?

"너희는 안식일에 일 안 하는 율법만 지키려고 하지? 안식일의 주 목적은 문자 그대로 쉼이다. 안식일이 사람을 위해서 있느냐, 사람이 안식일을 위해서 있느냐? 하나님의 백성들에게 잃어버린 쉼을 되찾아 주는 것이라면 전혀 문제가 될 것이 없다!"

예수님은 안식일에 대한 종교 지도자들의 편협하고 그릇된 관점을 바꾸라고 말씀하신 것입니다.

마가복음 2장 23절 이하에 보면, 예수님과 제자들이 안식일에 밀밭 사이로 지나가다가 제자들이 밀 이삭을 잘라 먹는 장면이 묘사됩니다. 바리새인들은 그것을 보고 안식일에 하지 말아야 할 일을 했다고 비난했습니다. 안식일에 일을 하면 안 되는데 왜 일을 하냐는 것이었습니다.

예수님이 베데스다 연못가에서 38년 된 병자를 고치신 것도 안식일에 행하신 일입니다. 그로 인해 종교 지도자들과 계속해서 갈등하게 되었지만 주님은 결코 포기하시지 않았습니다. 율법과 안식일에 대한 바른 관점을 가르치기 위해 일부러 더 그들과 부딪치셨습니다(요 5:1-47).

사실 우리에게도 예수님 당시의 종교 지도자들과 같은 모습이 있습니다. 내 관점, 내 생각, 내 고집을 버리지 못할 때가 많습니다. 그런 우리를 향해 주님은 보편적인 사고방식을 갖고 있는 사람들의 관점으로 보지 말고, 예수님의 관점으로 보라고 말씀하십니다.

우리는 어떻습니까? 어떤 관점으로 살아가고 있습니까? 하나님의 백성이라면 자신의 관점으로 세상을 바라보고 해석하는 것이 아니라, 하나님의 시각과 성경적 관점으로 세상을 바라보고 해석할 수 있어야 합니다. 기독교적 세계관을 갖고 살아야 합니다.

하나님의 시각으로: 요셉

창세기 37장 이하에 보면 요셉의 이야기가 나옵니다. 요셉이 형들의 미움을 받아 애굽으로 팔려 간 후 겪은 일들은 이미 잘 알고 있을 것입니다. 그는 보디발의 집 가정 총무가 되어 일하다 보디발 아내의 모함으로 옥에 갇히게 됩니다. 그곳에서 만난 술 맡은 관원장의 꿈을 해석해 준 일을 계기로 훗날 바로가 꾼 꿈을 해석해 줍니다.

어느 날, 바로가 의미심장한 꿈을 꾸었습니다. 하지만 어느 누구도 그 꿈의 의미를 해석하지 못했습니다. 마침내 요셉이 왕에게 불려 가 꿈을 해석해 준 뒤 꿈에 대한 대책까지 세워 주었습니다. '앞으로 7년간 큰 풍년이 들 것이나 다음 7년간은 큰 흉년이 들 것이니, 흉년에 대비하여 풍년 동안에 곡식을 많이 비축해야 한다'는 것이 요셉이 해석한 꿈의 내용이고 대책이었습니다.

그 일로 요셉은 바로의 신임을 받아 애굽의 총리가 되었습니다. 요셉의 나이 30세에 왕 다음가는 자리에 오른 것입니다. 요셉의 말대로 일곱 해 동안 풍년이 들자, 요셉은 흉년을 대비해 곡물을 거두어 저장했습니다.

그리고 요셉의 말대로 다음 7년 동안 흉년이 들었습니다. 애굽을 포함한 주변 나라에 매우 큰 타격을 주는 대흉년이었습니다. 요셉의 지혜로 애굽은 걱정 없었으나 주변 족속들은 양식이 없어 큰 곤란을 겪어야 했습니다.

　요셉의 고향에도 흉년이 들었습니다. 요셉의 형들이 아버지 야곱의 명령에 따라 양식을 구하러 애굽으로 왔습니다. 형들은 자신들이 팔았던 요셉이 애굽의 총리가 되었다는 사실을 꿈에도 몰랐습니다. 요셉은 처음에는 형들에게 자신의 정체를 숨기다가 나중에 자신을 알림으로써 형들과 극적인 상봉을 이루게 됩니다.

　형들은 자신들이 외국 상인에게 노예로 팔았던 요셉이 살아 있는 데다 애굽의 총리까지 되어 있으니 얼마나 놀랐겠습니까? 무엇보다 요셉이 자신들을 그냥 둘 리 없다고 생각해서 몹시 두려웠을 것입니다. 그런 형들에게 요셉이 뭐라고 말합니까?

> 요셉이 형들에게 이르되 내게로 가까이 오소서 그들이 가까이 가니 이르되 나는 당신들의 아우 요셉이니 당신들이 애굽에 판 자라 당신들이 나를 이곳에 팔았다고 해서 근심하지 마소서 한탄하지 마소서 하나님이 생명을 구원하시려고 나를 당신들보다 먼저 보내셨나이다 창 45:4-5

　요셉은 하나님이 가족을 구하시기 위해 자신을 앞서 보내신 것이라고 말합니다. 하나님이 하신 일이라는 것입니다. 요셉이 자신의 시각으로 형들을 봤다면, 당장에 복수했을 것입니다. 그러나 요셉은 자신의 시각이 아닌 하나님의 시각으로 바라봤습니다. 이처럼 하나님의 시각으로 바라보는 것을 '영적 사관' 또는 '성경적 사관'이라고 합니다.

하나님의 관점

하용조 목사님이 생전에 늘 하던 이야기가 있습니다.

"세상에서 일어나고 있는 모든 사건이나 사고들을 통해서 하나님이 우리에게 주시는 메시지가 무엇인지를 항상 생각해야 된다."

하나님의 관점으로 상황을 보고, 해석하는 능력을 가져야 한다는 것입니다.

요셉처럼 기독교적 세계관, 성경적인 가치관으로 세상을 바라보고 해석하는 능력을 길러야 합니다. 과거의 쓰라린 아픔을 하나님이 예비하신 것으로 해석할 수 있는 관점을 가져야 합니다. '지나고 보니, 그때 하나님이 나를 이렇게 쓰시려고 이런 사람을 만나게 하셨구나'라고 고백할 수 있는 관점을 갖는 것이 필요합니다.

오병이어 사건을 일으키시고, 안식일에 병을 고치신 주님을 기억하십시오. 주님은 우리에게 "너의 관점을 버리고, 나의 관점으로 살라"고 말씀하십니다. 내 머리, 내 경험, 내 능력으로 바라볼 때 답이 없는 상황도 하나님의 관점으로 바라보면 답이 있습니다. 관점을 바꾸십시오. 주님의 관점으로, 성경적 안목으로, 기독교적 세계관으로 인생을 보고 승리하십시오.

주변에 부정적인 생각을 가진 성도들을 볼 때가 있습니다. 미래에 대한 아무런 소망 없이 많은 것을 포기한 채 살아가는 청년들을 볼 때도 있습니다. 얼마나 마음이 아픈지 모릅니다.

어떤 관점을 가지고 살아가고 있습니까? 믿음이 없는 세상 사람들처럼 안 된다는 관점, 포기하자는 관점, 이미 틀렸다는 관점을 주님 안에서 무엇이든지 할 수 있다는 믿음의 관점으로 바꾸십시오!

마가복음 2장에 보면, 네 사람이 중풍병자 한 명을 메고 예수님을 찾아왔으나 수많은 인파로 인해 예수님이 계신 집으로 들어갈 수가 없었습니다. 보통의 경우라면 '사람이 너무 많아 안 되겠다. 포기하자' 했을 것이나, 이들은 지붕을 뜯어 구멍을 낸 후 병자가 누운 상을 예수님께 달아 내렸습니다. 예수님은 그들의 믿음을 보고 중풍병자를 고쳐 주셨습니다.

문제의 상황을 바라보는 이 네 사람의 믿음의 관점이 우리에게도 필요합니다. "안 된다, 포기하자, 다음에 해 보자"가 아니라, "할 수 있다, 힘내라, 지금 해 보자"는 믿음이 필요합니다. 그럴 때 보이지 않던 지붕이 눈에 들어올 것입니다. 지붕에 올라 그 지붕을 뜯어 낼 담력도 생길 것입니다.

관점을 바꿔야 합니다. 나의 관점, 세상의 관점을 하나님의 관점으로 전환해야 합니다. 하나님의 관점으로 상황과 환경과 인생과 역사를 바라보는 삶을 살아야 합니다.

어떤 관점을 갖고 살아가느냐에 따라 삶의 행동양식이 완전히 달라집니다. 어떤 신발 회사에서 새로운 시장을 개척하기 위해 두 사람을 아프리카로 보냈습니다. 아프리카에 다녀온 두 사람이 리포트를 썼는데, 그 내용은 완전히 정반대였습니다. 한 사람은 '아프리카 사람들은 한 명도 신발을 신는 사람이 없기 때문에 신발을 팔 수 없다'고 보고했습니다. 반면에 다른 한 사람은 '아프리카 사람들은 한 명도 신발을 신지 않고 있기 때문에 신발을 팔면 엄청난 수익을 올릴 수 있을 것'이라고 보고했습니다. 같은 상황을 어떤 관점으로 보느냐에 따라서 결과는 하늘과 땅만큼 벌어집니다.

관점을 바꾸십시오. 나의 관점, 세상의 관점을 내려놓고, 믿음의 눈을 들어 하나님의 관점으로 바꾸십시오. 하나님의 관점으로 상황과 환경과 인생과 역사를 바라보는 삶을 살게 되기를 바랍니다.

예수께서 이르시되 돌을 옮겨 놓으라 하시니 그 죽은 자의 누이 마르
다가 이르되 주여 죽은 지가 나흘이 되었으매 벌써 냄새가 나나이다
예수께서 이르시되 내 말이 네가 믿으면 하나님의 영광을 보리라 하
지 아니하였느냐 하시니 돌을 옮겨 놓으니 예수께서 눈을 들어 우러
러보시고 이르시되 아버지여 내 말을 들으신 것을 감사하나이다 항
상 내 말을 들으시는 줄을 내가 알았나이다 그러나 이 말씀하옵는 것
은 둘러선 무리를 위함이니 곧 아버지께서 나를 보내신 것을 그들
로 믿게 하려 함이니이다 이 말씀을 하시고 큰 소리로 나사로야 나오
라 부르시니 죽은 자가 수족을 베로 동인 채로 나오는데 그 얼굴은 수
건에 싸였더라 예수께서 이르시되 풀어 놓아 다니게 하라 하시니라

요 11:39-44

시카고 러쉬대학교 메디컬센터에서는 65세 이상의 사람들을 대상으로 걱정 및 스트레스에 대한 반응을 조사했습니다. 그리고 그로부터 약 6년이 흐른 뒤 어떤 사람이 알츠하이머병에 걸렸는지를 확인했습니다. 그 결과 걱정이 많고 스트레스에 민감한 사람일수록 알츠하이머병에 걸릴 위험이 약 2배 이상 높다는 것을 밝혀냈습니다.

스탠퍼드대학의 새폴스키(Robert M. Sapolsky) 박사는 만성 스트레스가 뇌에 미치는 영향을 연구하여 세계 최초로 만성 스트레스가 뇌세포를 파괴한다는 결과를 얻었습니다. 그 내용이 《스트레스》(Why zebras don't get ulcers, 사이언스북스 역간)라는 책에 담겨 있습니다. 걱정과 염려, 스트레스는 심근경색의 가능성을 높이기도 합니다. 특히 돈에 대한 극심한 걱정에 사로잡힐 경우에는 그 위험성이 13배나 높아진다는 연구 결과도 있습니다.

누구나 걱정과 염려, 스트레스가 건강에 해롭다는 것을 잘

압니다. 그럼에도 불구하고 너무나 많은 사람들이 걱정하고 염려하는 삶을 반복해서 살아갑니다.

'혹시 암에 걸리지는 않을까', '혹시 사고가 나지는 않을까', '혹시 전쟁이 나지는 않을까', '혹시 부도가 나지는 않을까', '혹시 이 건물이 무너지지는 않을까', '혹시 직장에서 쫓겨나지는 않을까', '이번 시험에 성적이 떨어지면 어떻게 하지?'

너무 쉽게 걱정과 염려에 마음을 열어 줍니다. 혹시 걱정거리가 있습니까? 염려하고 근심하게 하는 어떤 문제에 사로잡혀 있습니까?

걱정하고 염려하는 이유

과테말라 원주민들은 사용하고 남은 자투리 천으로 2~3cm 크기의 '걱정 인형'을 만듭니다. 그리고 걱정거리가 생기면 밤에 잘 때 베개 밑에 '걱정 인형'을 넣어 두고 잡니다. 그러면 '걱정 인형'이 모든 걱정을 다 가져간다고 믿기 때문입니다.

그런데 이 '걱정 인형'이 과테말라에 온 관광객들에게 꽤나 인기 있는 상품이라고 합니다. 특히 관심을 끄는 사실은 어린아이들도 '걱정 인형'의 효능을 듣고 사 간다는 것입니다. 어린아이라고 해서 걱정으로부터 자유로운 것은 아닙니다. 어른의 생각으로는 사소해 보이는 것일지 모르지만, 아이들도 걱정거리를 한두 개씩 갖고 있습니다.

걱정 또는 염려를 영어로 'worry'라고 하는데, 그 어원은 독일어 '부르겐'(wurgen)에서 왔습니다. '부르겐'은 '목을 조르다', '질식시키다'라는 의미가 있습니다.

사자가 사냥감의 목덜미를 물고 있는 모습을 떠올려 보십시오. 그게 '부르겐', 즉 염려의 의미입니다. 단어만 봐도 염려가 얼마나 해로운 것인지 알 수 있습니다. 그래서 어떤 심리학자는 염려를 '느린 형태의 자살'이라고 표현했습니다.

많은 사람들이 아직 일어나지도 않았고, 일어날 가능성도 크지 않은 일인데 미리부터 걱정하며 살아갑니다. 왜 그렇게 수많은 걱정거리들을 끌어안고 사는 것일까요?

누구를 믿고 살아야 할지 모르기 때문입니다. 불안한 자신의 미래를 과연 누구에게 맡기고 살아야 할지 그 대상을 찾지 못했기 때문입니다. 부족할 때 채워 주고, 넘어졌을 때 일으켜 주고, 길을 잃었을 때 인도해 줄 누군가가 있다면 그분께 미래를 맡길 수 있을 것입니다. 더욱이 그분이 모든 것을 가능케 하는 능력을 가진 분이라면 더 이상 염려할 이유도 없을 것입니다. 그분이 모든 것을 해결해 주실 것이기 때문입니다. 성경은 우리에게 그분을 소개하고 있습니다.

누구에게 미래를 맡길 수 있는가

네 길을 여호와께 맡기라 그를 의지하면 그가 이루시고 시 37:5

네 짐을 여호와께 맡기라 그가 너를 붙드시고 의인의 요동함을 영
원히 허락하지 아니하시리로다 시 55:22

너의 행사를 여호와께 맡기라 그리하면 네가 경영하는 것이 이루
• 어지리라 잠 16:3

성경은 모든 것을 여호와께 맡기라고 말씀합니다. 하나님
께 오늘 수고하고 애쓰는 일에 대한 모든 결과를 맡기라고 권면
합니다. 나의 미래, 건강, 가정, 직장, 사업의 모든 일을 하나님께
맡기라는 것입니다. 그러면 그분이 가장 선한 길로 인도해 주신
다고 약속합니다. 하나님을 믿는 자들을 붙들어 주시고, 요동함
을 영원토록 허락지 않겠다고 하십니다.

가끔 아빠가 어린아이를 안고 공중에 던졌다가 받는 장난을
합니다. 아이들이 무척 좋아합니다. 처음엔 무서워하던 아이도
몇 번 하고 나면 좋아합니다. 왜 그렇습니까? 아빠를 믿기 때문
입니다. 아빠가 자기를 안전하게 받아 줄 것을 믿기 때문에 마음

놓고 기뻐할 수 있는 것입니다.

믿음은 그런 것입니다. 믿음의 대상인 하나님 아버지께 나를 온전히 의탁하는 것입니다. 내 생각대로 하려 않고, 내 계획대로 움직이려 않고 하나님께 맡기는 것이 믿음입니다.

죽었던 나사로가 다시 살아난 이야기를 가만히 묵상해 보면, 왜 우리의 미래를 하나님께 맡길 수 있는지 깨달아집니다.

요한복음 11장은 세 사람에 대한 소개로 시작합니다. 먼저 나사로입니다. 그 이름의 뜻은 '하나님만이 나의 도움이시다'입니다.

그에게는 두 명의 여동생이 있었습니다. 큰 여동생의 이름은 마르다, '부인'이라는 의미입니다. 작은 여동생의 이름은 마리아, '높다'라는 의미입니다. 성경에는 마리아라는 이름을 가진 여인이 여럿 등장하는데, 나사로의 동생 마리아는 예수님의 머리에 향유를 붓고 자기 머리털로 예수님의 발을 씻어 준 그 여인입니다.

그들이 살던 동네는 '베다니'라는 곳이었습니다. 베다니라는 이름은 집을 뜻하는 '벧'과 슬픔, 눈물, 괴로움, 고통을 뜻하는 '아니'의 합성어입니다. 예수님은 마지막 고난 주간의 대부분을 이곳에서 보내셨습니다. 그곳 베다니에 살던 나사로가 어느 날 병에 걸리게 되었습니다. 마르다와 마리아는 예수님께 사람을 보내어 도움을 청합니다.

이에 그 누이들이 예수께 사람을 보내어 이르되 주여 보시옵소서
사랑하시는 자가 병들었나이다 하니 요 11:3

여기 주목해서 보아야 할 것이 있습니다. 마르다와 마리아
가 사람을 보내어 예수님을 부르는데, '주님을 사랑하는 자'가
아니라 '주님이 사랑하시는 자'가 병들었다고 말합니다.

이 고백이 중요합니다. 주님을 향한 우리의 사랑은 한계가
있습니다. 온전하지 못합니다. 자주 바뀝니다. 그러나 우리를 향
한 주님의 사랑은 변함이 없습니다. 부족하고 흠이 많을 때도,
아프고 병들었을 때도, 실수하여 넘어졌을 때도 품어 주시는 온
전한 사랑입니다.

세상 어디에도 그런 사랑은 없습니다. 부족하면 버림받고,
흠이 생기면 교체됩니다. 그런데 우리는 자꾸 그런 세상에 우리
의 미래를 맡기려고 합니다. 돈이 많으면 미래가 안정될 거라고
믿고, 능력자나 권력자 곁에 있으면 안전하다고 믿으며 그것을
좇습니다.

그러나 그 누구도, 그 어디에도 변함없이 사랑해 주고 안전
을 보장해 주는 것은 없습니다. 오직 예수 그리스도만이 우리를
변함없이 사랑해 주시고 안전하게 지켜 주십니다. 그렇기에 우
리는 그분께 우리의 모든 것을 맡겨 드릴 수 있습니다.

비록 지금 우리가 발붙이고 살아가는 세상은 베다니와 같이 슬픔이 많고 아픔과 절망으로 모진 괴로움을 겪어야 하지만, 주님을 붙드는 한 우리는 사랑받으며 안전하게 살 수 있습니다.

주의 계획 안에 있는 삶

그런데 이 이야기에서 예수님은 이해할 수 없는 행동을 하십니다. 분명 나사로가 병들었으니 빨리 와 달라는 부탁을 받았건만 곧장 가지 않고 오히려 지체하십니다.

> 나사로가 병들었다 함을 들으시고 그 계시던 곳에 이틀을 더 유하시고 요 11:6

> 예수께서 와서 보시니 나사로가 무덤에 있은 지 이미 나흘이라 요 11:17

이상하게도 예수님은 나사로의 소식을 듣고 오히려 일부러 이틀을 더 지체하셨습니다. 나사로가 누구입니까? 예수님께 특별한 사랑을 받던 사람이 아닙니까? 사랑하는 사람이 몹시 아파서 사경을 헤매고 있다면, 당장에 하던 일을 버려두고 가는 것이 인지상정인데 예수님은 오히려 이틀을 더 지체하셨습니다.

나사로가 죽은 지 나흘이 되어서야 예수님은 베다니에 도착하셨습니다. 예루살렘에서 베다니까지는 약 2km밖에 안 됩니다. 빨리 가면 20분이면 갈 수 있는 거리입니다. 그런데 예수님은 왜 이렇게 늦게 오신 걸까요? 예수님이 나사로의 집에 가시기 전에 하신 말씀을 살펴보면 그 이유를 알 수 있습니다.

> 이에 예수께서 밝히 이르시되 나사로가 죽었느니라 내가 거기 있지 아니한 것을 너희를 위하여 기뻐하노니 이는 너희로 믿게 하려 함이라 그러나 그에게로 가자 하시니 요 11:14-15

예수님은 나사로가 죽는 순간에 그 자리에 없었던 것을 기뻐한다고 하십니다. 예수님이 하실 말씀이 아닌 것 같습니다. 그런데 중요한 구절이 하나 있습니다. 바로 '너희를 위하여'입니다. '너희를 위하여 기뻐하노니', 즉 예수님의 말씀은 이런 의미인 것입니다.

'다행히 나사로가 내가 없을 때 죽었기 때문에 가서 다시 살려 줌으로써, 내가 하나님의 아들임을 보여 줄 수 있다. 그것을 통해 사람들이 하나님을 믿게 될 것이기 때문에 기쁘다.'

예수님은 나사로를 다시 살려 내기 위해 그가 죽은 후에 찾아가셨습니다. 그 누구도 나사로의 죽음을 부인할 수 없도록 일부러 나흘이나 지나서 시체 썩는 냄새가 날 때까지 계신 후에 찾아가신 것입니다.

우리는 나름대로 각자의 시간표가 있습니다. 정해진 일정에 따라 움직인다고 생각합니다. 하지만 모든 것은 주님의 손에 달려 있습니다. 주님은 우리 각자 인생의 주인이십니다. 모든 것이 그분의 계획 안에 있습니다.

때로는 절망스러운 상황으로 인해 모든 것이 끝난 것 같아 보일 때가 있습니다. 그러나 주님은 그것을 하나님의 영광을 드러내기 위한 기회로 사용하십니다. 그 주님께 모든 미래와 결과를 맡겨 드린다면, 우리 삶은 하나님의 영광을 드러내는 데 쓰임 받을 수 있습니다.

주가 끝까지 책임지신다

마리아가 예수 계신 곳에 가서 뵈옵고 그 발 앞에 엎드리어 이르되 주께서 여기 계셨더라면 내 오라버니가 죽지 아니하였겠나이다 하더라 예수께서 그가 우는 것과 또 함께 온 유대인들이 우는 것을 보시고 심령에 비통히 여기시고 불쌍히 여기사 이르시되 그를 어디 두었느냐 이르되 주여 와서 보옵소서 하니 예수께서 눈물을 흘리시더라 요 11:32-35

예수님은 나사로의 집에 도착해서 마르다를 만난 뒤 마리아를 만나셨습니다. 마리아는 "예수님, 왜 이제야 오셨어요. 주님이 여기 계셨으면 오빠가 죽지 않았을 텐데요" 하며 울었습니다. 조문 온 사람들도 마리아가 우는 모습을 보면서 함께 울었습니다. 그 모습을 보고 예수님도 비통해하며 눈물을 흘리셨습니다. 영어 성경은 이를 "Jesus wept"라고 짧게 번역했습니다.

두 단어로 된 짧은 문장이지만, 그 어떤 문장보다 마음을 울립니다. 하나님이 눈물을 흘리신 것입니다. 죽음의 문제 앞에서 낙망하여 눈물을 흘릴 수밖에 없는 연약한 인간들로 인한 하나님의 눈물입니다.

인류 역사상 수많은 사람들이 죽음의 문제를 해결해 보고자 노력했습니다. 하지만 어느 누구도 죽음을 이겨 내지 못했습니다. 모두가 죽음 앞에 굴복했습니다. 하지만 하나님이신 예수 그리스도만은 죽음을 이기고 다시 부활하셨습니다. 죽음의 권세도 예수님을 무너뜨리지 못했습니다. 예수 그리스도를 믿고 영접하는 사람은 죽음의 권세도 어찌할 수 없는 자가 되는 것입니다.

> 하나님이 세상을 이처럼 사랑하사 독생자를 주셨으니 이는 그를 믿는 자마다 멸망하지 않고 영생을 얻게 하려 하심이라 요 3:16

예수 그리스도를 믿는 자는 멸망하지 않고 영원한 생명을 얻는다고 하십니다. 예수 그리스도 그분은 이 땅에서의 삶뿐만 아니라, 죽음 이후의 삶까지도 책임지시는 분이라는 것입니다. 그렇기에 우리는 구원의 문제를 그분께 맡기고 이 땅에서 주님이 맡기신 일들을 성실하게 감당하다가, 어느 날 우리를 부르시면 보장된 하늘나라로 가면 되는 것입니다.

무엇을 걱정합니까, 무엇을 염려합니까? 우리는 이미 영생을 보장 받은 사람들이 아닙니까? 예수 그리스도께 모든 것을 맡기십시오. 미래도, 가정도, 자녀도, 직장의 문제도, 그 모든 결과를 그분께 의탁하십시오.

아무것도 염려하지 말고 다만 모든 일에 기도와 간구로, 너희 구할 것을 감사함으로 하나님께 아뢰라 그리하면 모든 지각에 뛰어난 하나님의 평강이 그리스도 예수 안에서 너희 마음과 생각을 지키시리라 빌 4:6-7

모든 것을 예수 그리스도께 맡기면 걱정과 염려, 근심과 스트레스가 우리를 상하게 하지 못합니다. 예수님께 맡기십시오. 그분이 우리의 마음과 생각을 지키실 것입니다. 그로 말미암아 세상이 줄 수 없는 평안으로 충만한 삶을 누리십시오.

04   전적으로 따르라

사흘째 되던 날 갈릴리 가나에 혼례가 있어 예수의 어머니도 거기 계시고 예수와 그 제자들도 혼례에 청함을 받았더니 포도주가 떨어진지라 예수의 어머니가 예수에게 이르되 저들에게 포도주가 없다 하니 예수께서 이르시되 여자여 나와 무슨 상관이 있나이까 내 때가 아직 이르지 아니하였나이다 그의 어머니가 하인들에게 이르되 너희에게 무슨 말씀을 하시든지 그대로 하라 하니라 거기에 유대인의 정결 예식을 따라 두세 통 드는 돌항아리 여섯이 놓였는지라 예수께서 그들에게 이르시되 항아리에 물을 채우라 하신즉 아귀까지 채우니 이제는 떠서 연회장에게 갖다 주라 하시매 갖다 주었더니 연회장은 물로 된 포도주를 맛보고도 어디서 났는지 알지 못하되 물 떠온 하인들은 알더라 연회장이 신랑을 불러 말하되 사람마다 먼저 좋은 포도주를 내고 취한 후에 낮은 것을 내거늘 그대는 지금까지 좋은 포도주를 두었도다 하니라 예수께서 이 첫 표적을 갈릴리 가나에서 행하여 그의 영광을 나타내시매 제자들이 그를 믿으니라

요 2:1-11

겨울이면 세계의 많은 관광객들이 일본 홋카이도의 삿포로에서 열리는 눈 축제를 찾습니다. 이 축제의 메인 행사는 오오도리 공원의 국제 눈 조각 경연대회입니다. 매년 세계적인 눈 조각가들의 작품이 150여 점이 전시된다고 합니다.

그런가 하면 스페인의 부뇰에서는 토마토 축제가 열리는데, 축제 중에 서로를 향해 토마토를 던지는 시간이 있습니다. 순식간에 그곳에 모인 사람들이 토마토로 물드는 장면이 장관입니다. 특히 토마토 던지기 행사가 끝나면 바로 소방차가 동원되어 거리와 사람들을 물로 씻어내는데 이 또한 축제에서 빼놓을 수 없는 볼거리 중 하나입니다.

모든 축제에는 축제를 대표하는 행사나 먹거리가 있습니다. 그런 것이 없이는 축제가 될 수 없습니다. 그런데 생각해 보십시오. 삿포로 눈 축제에 갔는데 눈이 없다면 어떻겠습니까? 스페인의 토마토 축제에 갔는데, 토마토가 없다면 어떻겠습니까? 아마 그 자리에 참석한 모든 사람들이 크게 실망할 것입니다. 화를 내며 욕을 하는 사람들도 있을 것입니다. 더 이상 축제를 진행할 수도 없고 분위기는 엉망이 될 것입니다.

만일 그 축제의 주최자이거나 축제와 관련된 사람이라면, 아마 그런 일은 상상도 하기 싫을 것입니다. 그런데 예수님 당시 갈릴리의 한 집에서 그런 일이 일어났습니다.

잔칫날에 떨어져 버린 포도주

예수님이 빌립을 제자로 부르시고 난 뒤 사흘째 되던 날에, 갈릴리 가나의 혼인 잔칫집에 초대를 받고 제자들과 함께 가셨습니다. "거기에 유대인의 정결 예식을 따라 두세 통 드는 돌항아리 여섯이 놓였는지라"(요 2:6)고 합니다. 여기서 '정결케 하는 예식'은 깨끗하게 하는 것을 말합니다.

유대 모든 지경의 땅들은 대부분이 사막입니다. 우리는 '사막' 하면 몽골의 고비 사막이나 아프리카의 사하라 사막처럼 모래로 된 땅을 떠올리는데 유대의 사막은 그런 곳이 아닙니다. 사막을 학문적으로 정의하자면, 연중 강수량이 250mm 이하의 지역을 말합니다. 실제로 모래땅이 아니라도 사막인 곳이 많습니다.

호주에 가면 굉장히 비옥한 땅이 있는데 비가 안 오기 때문에 사막이라고 부릅니다. 한때는 세계적인 옥토였으나 비가 오지 않아 사막이 된 곳이 점점 늘어나고 있습니다.

예수님이 거하신 팔레스타인 땅은 굉장히 기름진 땅입니다. 그런데 비가 잘 내리지 않아 먼지가 많습니다. 또 비가 오면 완전히 진흙탕이 됩니다. 당시 사람들은 샌들 같은 것을 신고 다녔기 때문에, 집에 들어가면 가장 먼저 발을 씻었습니다. 그래서 언제든지 발 닦을 물이 담겨 있는 정결 예식용 항아리가 집집마다 있었습니다. 가나의 혼인 잔칫집에는 그 항아리가 여섯 개나 있었습니다.

유대의 결혼식은 짧은 반면 피로연은 보통 수요일에 시작해서 한 주간 계속됩니다. 잔치에서 가장 중요한 것은 포도주입니다. 그런데 가나의 혼인 잔칫집에 포도주가 떨어져 버렸습니다. 더 이상 잔치를 진행할 수 없게 된 것입니다. 이제 곧 혼인 잔치를 즐기는 모든 사람들의 흥이 깨지게 생겼습니다. 신랑과 신부는 물론 집안 식구들이 큰 망신을 당하게 생긴 것입니다.

여자여 나와 무슨 상관이 있나이까

그런데 마침 그 혼인집 과방, 요새로 말하면 음식을 관장하는 곳에 예수님의 어머니 마리아가 있었습니다. 포도주가 떨어진 것을 알고 마리아가 예수님께 가서 그 사실을 알렸습니다. 그러자 예수님이 어머니에게 "여자여 나와 무슨 상관이 있습니까?

아직 내 때가 이르지 않았습니다" 하고 말씀하셨습니다.

"여자여 나와 무슨 상관이 있나이까?" 잘못 이해하면 예수님이 굉장히 버릇없어 보입니다. 어떻게 어머니께 '여자여'라고 할 수 있습니까? 그런데 번역에 약간의 문제가 있습니다. 성경에 기록된 '여자'라는 말은 헬라어로 '구나이'인데, 이 구나이는 여인에게 쓰는 극존칭, 사랑과 존경의 마음을 담아 표현하는 단어입니다. 절대로 퉁명스러운 표현이 아닙니다.

요한복음에는 예수님이 십자가에 달려 돌아가실 때 남기신 일곱 가지 말씀이 기록되어 있습니다. 소위 가상칠언이라고 하는데, 그중 세 번째 말씀이 요한에게 어머니 마리아를 부탁하는 말씀입니다. 예수님이 어머니 마리아에게 말씀십니다.

여자여 보소서 아들이니이다 요 19:26

여기 나오는 '여자여'라는 말도 '구나이'입니다. '어머님!' 이런 표현입니다. 이제 진짜 아들인 나는 십자가에 못 박혀 죽지만 앞으로 요한이 아들이 되어 어머니를 섬길 것이라고 말씀하신 것입니다.

그다음에 나오는 '나와 무슨 상관이 있나이까?'라는 말도 '나와 상관없습니다, 내가 알 바가 아닙니다'라고 해석하면 안 됩니다. 평생 성경을 연구했으며, 신약성경을 원어에 가장 가깝게 해석한 것으로 유명한 윌리엄 바클레이(William Barclay)는 이 말이 '오늘 염려하지 않으셔도 됩니다, 괜찮습니다'라는 의미라고 했습니다.

물이 변하여 포도주로

예수님의 어머니 마리아가 하인들을 불러서 말합니다. "예수님이 무슨 말씀을 하시든지 그대로 하라." 예수님의 말씀과 상관없이 마리아의 마음속에는 틀림없이 예수님이 기적을 행하신다는 믿음이 있었던 것입니다. 우리가 잘 알고 있듯이, 이후에 예수님은 물이 포도주로 변하는 기적을 보여 주셨습니다. 예수님이 이 땅에 오셔서 행하신 첫 번째 기적이었습니다.

유명한 시인 바이런(Baron Byron)은 이 기적에 대해 "물이 주인을 만나 얼굴을 붉혀서 포도주가 되었다"고 말했습니다. 그런데 예수님이 행하신 이 첫 번째 기적이 언제, 어디에서 일어났습니까? 예수님은 혼인 잔칫집에서 이 기적을 베푸셨습니다.

혼인하고 잔치를 하는 곳은 사람들이 기뻐하고 즐거워하는 곳입니다. 그런 곳에 포도주가 떨어졌다는 것은 잔치가 망치게 되었다는 것이고 신랑과 신부, 그리고 축하해 주고자 모인 모든 이들이 크게 실망하게 되었다는 뜻입니다. 연회를 준비한 자는 오랫동안 얼굴을 들고 다니지 못할 창피를 당할 것입니다. 그런 상황을 예수님이 해결해 주신 것입니다.

인생을 살다 보면 기쁘고 즐거운 일만 있지 않습니다. 모진 인생살이에 시달리다 보면 기쁨과 즐거움을 잃어버릴 때가 많습니다. 그럴 때 많은 사람들이 술의 힘을 빌려 살기도 하고, 약으로 하루하루를 버티며 살아가기도 합니다.

그런데 주님은 우리의 기쁨과 즐거움을 되찾아 주신다고 약속하십니다. 그분이 나의 모든 상황을 아시고, 채워 주기 위해 내 곁에 계신다고 말씀해 주십니다. 이것이 모든 그리스도인들의 특권입니다.

때로 인생살이 중에 포도주가 떨어져 버리는 순간을 만난다 할지라도 우리를 향하신 하나님의 사랑과 은혜는 결코 떨어지지 않습니다. 그 주님이 나와 함께 계심을 정말 믿는다면, 어떤 상황에서도 기뻐하고 즐거워할 수 있습니다.

스펄전 목사님은 이런 말을 남겼습니다.

"쾌활함을 가지지 못한 사람은 차라리 장의사가 되어 죽은 자들을 매장하는 일이나 하는 것이 좋겠다. 왜냐하면 이런 사람은 살아 있는 사람에게 전혀 좋은 영향력을 끼치지 못하기 때문이다. 나는 영혼을 구원하려는 모든 사람들이 밝고 명랑하게 되기를 바란다. 그렇다고 경거망동하거나 허풍을 떠는 수다쟁이가 되라는 말은 아니다. 다정다감하고 온유하고 사랑스런 마음씨를 가져야 한다는 뜻이다. 파리를 모으는 데는 식초보다 꿀이 낫고 영혼을 천국으로 인도하는 데는 얼굴에 지옥의 심연을 끓이고 있는 사람이 아니라, 천국의 모습을 가지고 있는 사람이라야 그런 일을 할 수 있다는 말이다."

우리 모두는 복음의 확신으로 가득 차서, 항상 기뻐하고 즐거워하는 삶을 살아야 합니다. 우리와 함께 계신 예수님은, 흥이 깨지고 초상집 분위기로 바뀌어 가던 갈릴리 가나의 혼인 잔칫집을 다시 잔치 분위기로 바꿔 주신 분이기 때문입니다.

질병과 고난, 어려움과 난관 가운데 있어도 주님이 우리 가운데 오시면 그 모든 어려움과 역경을 이겨 낼 수 있습니다. 아니, 한 걸음 더 나아가 주님으로 말미암아 오히려 즐거워할 수 있습니다. 세상이 이해할 수 없는 기쁨으로 충만한 삶을 살아갈 수 있습니다.

기적은 가정에서부터

기적이 일어난 장소에 주목하십시오. 예수님이 첫 번째 기적을 일으키신 장소는 갈릴리 가나의 어느 평범한 가정집이었습니다. 결혼하여 새 가정이 출발하는 그곳에서 놀라운 역사가 일어났습니다.

예수님은 그 가정이 수치와 창피를 당하지 않게 하기 위해 기적을 베푸셨습니다. 그 기적이 결혼한 부부를 위기에서 구원했고, 그 잔치의 주인을 구원했습니다.

예수님이 행하신 기적과 이적들 대부분이 기쁨과 즐거움을 상실한 가정에서 이루어졌습니다. 나사로가 죽었을 때 그의 누이인 마리아와 마르다가 슬픔 가운데 울고 있었습니다. 예수님은 그 나사로를 살려 주셨습니다. 그들에게 기쁨을 회복시켜 주신 것입니다.

나인성 과부에게 아들은 생명보다 소중한 존재였습니다. 그런 아들이 죽었을 때 과부에겐 마지막 하나 남은 소망마저 사라져 버린 매우 비참하고 절망적인 상황이었습니다. 이제 더 이상 살아야 할 이유도 의미도 없어졌습니다. 그런 여인에게 예수님은 아들을 살려 줌으로 기쁨과 희망을 회복해 주셨습니다. 살아야 할 이유를 되찾아 주셨습니다(눅 7:11-15).

그뿐이 아닙니다. 죽은 회당장 야이로의 딸을 살려 주심으로 그 가정에 기쁨을 회복시켜 주셨습니다(눅 8:41-55). 성경은 이렇게 우리 삶에, 우리 가정에 기쁨과 소망을 다시 회복시켜 주시는 분이 바로 예수님이라고 가르치고 있습니다.

그런데 오늘날 많은 사람들이 가정 밖에서 기적을 찾습니다. 집 안에서는 인상을 쓰고, 밖에 나가서는 인상을 폅니다. 밖에서는 그보다 좋을 수 없는 사람으로 치장하면서 집에 들어오면 마음 내키는 대로 아무렇게나 행동합니다.

이는 옳지 않은 행동입니다. 그러면 안 됩니다. 가정에서 인상을 펴야 합니다. 집에서 아내가 차려 준 밥상을 보고 밝은 얼굴로 "여보, 정말 고마워. 오늘 어쩜 이렇게 맛있어"라고 말해야 합니다. 그 한마디가 가정의 분위기를 바꿔 줍니다.

아내가, 남편이 서로 사랑을 느낄 수 있도록 말해 주십시오. 자녀들이 행복해할 수 있는 말을 해 주십시오. 그럴 때 예수님이 우리를 통해 일하실 것입니다. 가정에 다시 웃음꽃이 활짝 피어나게 될 것입니다.

기적을 부르는 순종

성경에는 없지만 외경에는 이런 내용이 있습니다. 나사렛 사람들이 집안에 우환이 생기거나 어려움이 생기면, 여인들이 "우리 예수네 집에 가서 예수 엄마 이야기를 좀 듣자. 그러면 우리의 모든 어려움과 슬픔과 괴로움이 떠나가지 않더냐"고 했다고 합니다. 예수님의 어머니 마리아는 굉장히 상담을 잘했던 것 같습니다. 어려운 상황에 처한 사람들을 적극적으로 나서서 도와주는 그런 여인이었던 것 같습니다.

마리아는 잔칫집에 포도주가 떨어진 것을 알고, 그 문제를 해결하기 위해 예수님께 구했습니다. 하인들에게는 예수님이 무슨 말씀을 하시든지 그대로 따르라고 했습니다.

가나안 혼인 잔치의 기적은 바로 거기에서부터 시작되었습니다. 바로 순종입니다. 온전한 순종이 기적을 일으킵니다.

잔칫집에 있던 항아리는 하나에 30갤런의 물을 담을 수 있었습니다. 1갤런이 약 3.785리터, 30갤런이면 약 114리터가 됩니다. 항아리가 총 6개였으니, 모두 합하면 약 681리터나 됩니다. 그렇게 많은 양의 물이 포도주로 바뀐 것입니다.

웬만한 부잣집, 아무리 손님이 많이 오는 잔칫집이라도 681리터의 포도주를 다 사용할 집은 없습니다. 더군다나 이미 잔치가 한창 진행되던 상황이었습니다. 그렇게 많은 양의 포도주가 필요하지 않은 상황이었습니다.

무슨 말입니까? 예수님이 필요한 것보다 더 풍성한 기적을 베풀어 주신 것입니다. 우리가 믿는 예수님은 우리가 쓰고도 남을 만큼 풍성하게 주시는 분입니다.

물이 포도주로 변한 것은 화학적 변화입니다. 과학을 공부한 사람이라면 물이 포도주로 바뀐다는 것은 정말로 이해가 안 되는 일입니다. 그런데 이 놀라운 일을 직접 목도하고 경험한 이들이 있습니다. 누구입니까? 바로 하인들입니다.

상식에서 벗어나는 일이고, 과학적으로 불가능한 일임에도 불구하고 언제 그 일이 일어났습니까? 하인들이 예수님의 말씀대로 행할 때, 다시 말해 순종할 때 기적이 일어났습니다. 예수님 말씀대로 순종하면 기적을 경험하게 됩니다. 순종하는 삶 자체가 기적을 경험하는 삶인 것입니다.

예수님이 하인들에게 물을 아귀까지 채우라고 하셨을 때, 그들이 물을 채우지 않았다면 어떻게 되었겠습니까? 물이 포도주로 변하는 것을 보지 못했을 것입니다. 잔칫집은 초상집 분위기가 되었을 것이고, 주인은 조롱거리가 되었을 것입니다.

하인들의 순종이 이 위기를 바꿔 놓았습니다. 순종이 우리 삶과 가정에, 일터와 행하는 범사에 이런 기적을 가져옵니다. 이성과 논리와 과학과 철학에 맞지 않아도 하나님의 말씀대로 순종하십시오. 그 순종이 기적을 불러올 것입니다.

제사보다 나은 순종

어떤 수도원에서 수도자를 받는다는 이야기를 듣고 두 사람이 시험을 보기 위해 찾아갔습니다. 수도원 원장은 두 사람에게 배추를 한 포기씩 주면서 "저기 밭에다 배추를 심는데, 뿌리가 하늘로 가도록 심으십시오"라고 했습니다.

두 사람이 가서 배추를 심었습니다. 한 사람은 그 말대로 배추를 거꾸로 땅에 묻었습니다. 그런데 다른 한 사람은 '배추를 거꾸로 심는 사람이 어디 있냐? 이건 상식과 논리에 벗어나는 일이다. 당연히 뿌리가 밑으로 가게 심어야지'라고 생각하며 뿌리가 밑으로 가게 심었습니다.

둘 중에 누가 수도사로 뽑혔을지는 굳이 말하지 않아도 알 것입니다. 수도원 원장이 말도 안 되는 시험을 한 이유가 무엇입니까? 배추를 제대로 심느냐 안 심느냐를 보려고 한 것입니까? 그가 얼마나 상식적인 사람, 논리적인 사람인가를 보려고 한 것일까요? 아닙니다. 그가 순종하는 사람인가, 그렇지 않은 사람인가를 보려고 한 것입니다. 하나님도 우리에게서 같은 것을 보십니다. 하나님이 보시는 것은 오직 하나 순종입니다.

하나님의 말씀을 알면서도 여러가지 핑계로 여전히 자신의 생각과 판단에 따라 살아가는 사람들이 많습니다. 그러나 내 생각과 판단이 들어서는 순간부터 하나님의 역사는 멀어집니다.

> 사무엘이 이르되 여호와께서 번제와 다른 제사를 그의 목소리를 청종하는 것을 좋아하심같이 좋아하시겠나이까 순종이 제사보다 낫고 듣는 것이 숫양의 기름보다 나으니 이는 거역하는 것은 점치는 죄와 같고 완고한 것은 사신 우상에게 절하는 죄와 같음이라 왕이 여호와의 말씀을 버렸으므로 여호와께서도 왕을 버려 왕이 되지 못하게 하셨나이다 하니 삼상 15:22-23

사무엘이 사울 왕에게 한 말입니다. 하나님이 사울을 왜 버리셨습니까? 말씀 그대로입니다. '여호와의 말씀을 버렸으므로', 하나님의 말씀에 순종하지 않았기 때문입니다. 하나님은 제사보다 순종을 더 중요하게 여기십니다. 화려한 예배를 드리고, 엄청난 헌금을 드리는 게 중요한 것이 아닙니다. 하나님께 순종을 드리고 있느냐가 가장 중요합니다.

순종, 성도의 승리 공식

> 온 땅의 주 여호와의 궤를 멘 제사장들의 발바닥이 요단 물을 밟고 멈추면 요단 물 곧 위에서부터 흘러내리던 물이 끊어지고 한곳에 쌓여 서리라 수 3:13

요단강 폭이 좁은 데로 건널 만한 때가 있습니다. 하지만 여호수아 당시 곡식을 거둘 시기에는 강이 범람하여 강폭이 1.4km 가량 될 때도 있었습니다. 그런데 하나님이 상식적으로 납득이 되지 않는 말씀을 하십니다. 법궤를 멘 제사장들이 요단강에 발을 내딛으면 흐르던 요단강 물이 멈추리라는 것입니다.

법궤를 맨 제사장들이 발을 댄다고 범람하던 물이 끊어지겠습니까? 그런데 이스라엘 백성들이 순종했습니다. 궤를 멘 제사장들이 요단에 이르러 물가에 발을 내딛는 순종을 하자 물이 끊어져 온 백성이 마른 땅으로 요단을 건널 수 있었습니다.

여리고성 앞에서 하나님이 뭐라고 말씀하십니까?

"하루에 여리고성을 한 바퀴씩 돌아라. 절대로 소리 내지 말고 6일 동안 그리 행하라. 7일째 되는 날에는 일곱 바퀴를 돌고 나서 소리를 질러라. 그러면 무너질 것이다."

여리고성은 그 성벽 위로 두 대의 마차가 비켜 갈 만큼 두터운 성이었습니다. 한마디로 난공불락의 성입니다. 소리를 지른다고 무너질 성이 아니었습니다. 그런데 그 성이 무너졌습니다. 어떻게 무너졌습니까? 순종으로 무너졌습니다.

반면에 여리고성에 비하면 규모가 훨씬 작은 아이성 전투에서는 이스라엘이 패배했습니다. 하나님의 말씀에 순종하지 않았기 때문입니다. 이를 통해 이스라엘 백성은 가나안 정복의 승패가 하나님 말씀에 순종하는 데 달려 있음을 깨달았습니다.

하나님의 백성들에게 승리와 패배를 가르는 기준은 오직 하나, 순종입니다. 순종이 성도의 승리 공식입니다.

자신을 내려놓을 때 순종할 수 있다

하나님의 말씀에 순종하면 하나님이 예비하신 복을 주십니다. 내 이성, 내 논리, 내 경험, 내 철학, 내 지식, 내 머리를 자꾸

쓰면 하나님의 기적이 일어나지 않습니다. 내 이성에 맞지 않아도 하나님의 말씀대로 순종하면 기적이 일어납니다.

하나님의 말씀 앞에서는 내 생각과 판단을 내려놔야 합니다. 내 이성과 논리에 맞지 않아도 하나님의 말씀으로 인정할 때, 기적은 시작됩니다. 순종할 때, 기적을 볼 수 있게 됩니다.

예수님이 십자가에 달리기 전에 드리신 겟세마네 기도를 보십시오.

"내 뜻은 이 잔이 내게서 옮겨지는 것이지만, 나의 뜻대로 말고 아버지의 뜻대로 되기를 원합니다."

예수님은 평생 하나님의 뜻대로만 사셨습니다. 하나님의 말씀에만 귀를 기울이셨습니다. 그리고 순종하셨습니다.

우리는 어떻습니까? 자기 자신의 이성과 논리로 살 때가, 내 머리로, 내 생각으로, 내 계산으로 판단할 때가 너무 많지 않습니까? 설교 들을 때는 아멘 하지만 정작 삶의 자리에선 아멘은 온데간데없습니다. 하나님의 말씀을 믿는다고 하면서 그 말씀대로 살지는 않습니다. 하나님을 믿지 못하는 것입니다. 그래서 불순종이 심각한 죄입니다.

하나님은 계산하지 않는 순종을 기뻐하십니다. 그 순종에 기적으로 응답하십니다. 우리는 감기도 낫게 할 능력이 없지만, 주님은 죽은 자도 살리시는 분입니다. 자신을 믿고 의지하지 말고, 주님을 믿고 그분의 말씀에만 순종하십시오.

갈릴리 가나의 혼인 잔치에서 일어난 기적은 학자들이나 부자나 높은 지위에 있는 사람들에 의해서 일어난 것이 아닙니다. 주님의 말씀을 온전히 순종한 하인들에 의해서 일어났습니다.

주님은 오늘도 말씀하십니다.

"항아리에 물을 가득 채우라. 그리고 떠서 연회장에게 갖다 주어라."

예수 그리스도께 순종하십시오. 나의 경험과 지식으로 동의가 되지 않더라도 전적으로 예수님을 따르십시오. 그때 하나님의 역사를 보게 될 것입니다. 기적을 경험할 것입니다. 우리의 삶의 자리에서 전적으로 예수님께 순종함으로 말미암아 임하는 하늘의 기쁨과 소망을 가득하게 누리길 바랍니다.

1 JESUS FIRST

PART 2

다스리다

그러므로 염려하여 이르기를 무엇을 먹을까 무엇을 마실까 무엇을 입을까 하지 말라 이는 다 이방인들이 구하는 것이라 너희 하늘 아버지께서 이 모든 것이 너희에게 있어야 할 줄을 아시느니라 그런즉 너희는 먼저 그의 나라와 그의 의를 구하라 그리하면 이 모든 것을 너희에게 더하시리라 그러므로 내일 일을 위하여 염려하지 말라 내일 일은 내일이 염려할 것이요 한 날의 괴로움은 그날로 족하니라

마 6:31-34

대한신경정신의학회에서 서울과 6대 광역시의 20세부터 59세의 성인 남녀 천 명을 대상으로 정신 건강과 행복에 관한 설문조사를 실시했습니다. 그 결과 응답자의 33%가 불안, 초조 같은 스트레스를 경험했다고 대답했습니다. 자신이 우울증일 수 있겠다는 의심을 가져 본 사람도 56%나 되는 것으로 밝혀졌습니다. 도합 89%가 염려, 근심, 스트레스 등의 경험을 가지고 있다는 것입니다.

우울증 만연의 시대가 아닌가 하는 생각이 듭니다. 우울증은 주로 20대에서 40대에 걸쳐서 발생하는데, 근래에는 청소년과 노인에게서도 많이 나타난다고 합니다. 그중에 정신과 전문 치료를 요할 정도의 심각한 우울증에 걸릴 확률이 높은 사람이 성인 6명당 1명 정도 있다고 합니다. 우울증은 주로 성격이 강퍅하고 융통성이 없는 사람, 책임감이 강하고 예민한 사람, 현재와 미래에 대해 부정적으로 전망하는 사람들에게 나타난다고 합니다. 우울증이 심해지면 자살할 수도 있어서 '죽음에 이르는 병'이라고 일컫는 사람들도 있습니다.

마음이 중요하다

한때는 승승장구, 탄탄대로를 걸었지만 어느 순간 자신도 모르게 우울증에 시달리게 된 사람들이 적지 않습니다. 성경에도 그런 사람이 있습니다. 바로 엘리야입니다.

갈멜산에서 이방신 바알과 아세라를 섬기는 거짓 선지자 850명을 상대로 영적 전투를 벌여 당당히 승리한 사람이 엘리야입니다. 그런데 그 엄청난 승리 후에 어떤 장면이 이어집니까?

아합왕의 부인 이세벨이 그의 생명을 노린다는 이야기를 듣고 도망하여 로뎀나무 그늘 아래에서 하나님 앞에 기도합니다.

> 그가 이 형편을 보고 일어나 자기의 생명을 위해 도망하여 유다에 속한 브엘세바에 이르러 자기의 사환을 그곳에 머물게 하고 자기 자신은 광야로 들어가 하룻길쯤 가서 한 로뎀나무 아래에 앉아서 자기가 죽기를 원하여 이르되 여호와여 넉넉하오니 지금 내 생명을 거두시옵소서 나는 내 조상들보다 낫지 못하니이다 하고
>
> 왕상 19:3-4

엘리야가 "하나님, 이제는 족하오니 저의 생명을 거두어 가주소서" 합니다. 많은 성경학자나 기독교 심리학자들은 이때 엘리야가 심한 우울증을 앓은 것 같다고 말합니다. 850:1의 영적 전투에서 대승리를 거둔 엘리야가 한낱 이세벨 왕비가 무서워 도망을 가고, 또 죽고 싶다고 토로하는 것이 잘 이해가 되지 않습니다.

엘리야는 이방 선지자들과의 영적 전투를 위해 홀로 갈멜산에 오른 영적 거장이었습니다. 그런데 그런 엘리야가 왜 한순간에 비참한 도망자 신세가 된 것입니까? 왜 하나님께 자기 목숨을 거두어 달라고 조르는 처지가 된 것입니까?

외적인 요인 때문이 아닙니다. 이전에 훨씬 더 어려운 일도 많이 겪었던 엘리야입니다. 내적인 요인 때문입니다. 엘리야의 내부에서 무언가 문제가 생긴 것입니다.

어떤 문제입니까? 그의 마음에 두려움이 생긴 것입니다. 마음이 두려움으로 채워지자 그는 비참한 도망자 신세가 될 수밖에 없었습니다.

모든 지킬 만한 것 중에 더욱 네 마음을 지키라 생명의 근원이 이에서 남이니라 잠 4:23

사람의 마음 상태가 어떠하냐가 중요합니다. 마음에 채워진 것이 무엇이냐에 따라 그의 삶의 외형이 결정되기 때문입니다.

하나님 백성다운 삶

마태복음 5장부터 7장까지를 산상수훈이라고 부릅니다. 5장은 그리스도인의 행복관이라 할 수 있는 팔복 이야기로 시작하여 천국 시민으로서 소금과 빛의 역할을 강조하는 내용으로 이어집니다. 그리고 예수님이 율법을 바르게 재해석해 주시는 내용으로 마무리됩니다. 6장은 바른 구제와 기도, 그리고 금식에 관한 가르침입니다. 그중 19-34절은 '천국 시민의 바른 물질관'을 가르쳐 줍니다.

구제와 기도, 그리고 금식은 종교 생활에 해당하는 것으로서 바리새인과 비교하여 설명합니다. 구제는 사람과 연관된 것이고, 기도는 하나님과 연관된 것이며, 금식은 자기 자신과 연관된 것입니다. 다시 말하면 하나님과 이웃과 자기 자신과의 관계에서 어떤 삶을 살아야 하는가, 예수 믿는 사람들의 태도를 가르쳐 주는 것입니다.

그런데 주님은 물질에 대하여서는 이방인과 대조를 하십니다. 예수님을 따르는 자들이 가져야 할 물질관, 경제관, 재정관은 이 세상 것과는 다르다는 것을 지적하시는 것입니다. 돈에 대해 어떤 생각과 태도로 살아가느냐를 통해 세상에 속한 사람인가, 아니면 하나님께 속한 사람인가를 가장 정확하게 알 수 있기 때문입니다.

주님은 하나님의 백성이라면 재정에 관한 두 가지 분명한 원칙을 가질 것을 요구하십니다. 첫 번째는 보물을 하늘에 쌓아야 한다는 것입니다. 두 번째는 아무것도 염려하지 말고 모든 것을 하나님께 맡겨야 한다는 것입니다.

세상의 많은 사람들이 자신의 창고에 재물을 쌓으려고 노력합니다. 눈에 보이는 곳, 확인이 되는 곳에 재물을 보관하고 그것을 보며 만족해합니다.

반면에 하나님의 백성들은 재물을 보이지 않는 하나님 나라에 쌓습니다. 하나님이 기뻐하시는 곳에 사용한다는 것입니다. 누구를 위해 재물을 사용하는지를 보면 그가 어디에 속한 사람인지 알 수 있습니다.

그뿐 아닙니다. 세상 사람들은 재산을 더 많이 불리기 위해 애를 씁니다. 더 많은 소유가 자신을 지켜 줄 수 있다고 믿기 때문입니다. 그래서 다른 사람 주머니에 있는 것까지 털어서 내 창고로 옮겨 놓으려 합니다. 그러니 당연히 다른 누군가에게 내 것을 빼앗길까 봐 염려하게 됩니다.

반면에 하나님의 백성들은 재산의 많고 적음이 아니라 하나님 손에 자신의 운명이 달렸다고 믿습니다. 그래서 재물로 인해 염려하지 않습니다.

그런데 안타깝게도 오늘날 많은 성도들이 재물로 인해 염려하며 살아갑니다. 마음에 하나님이 주시는 평안과 기쁨이 가득한 것이 아니라, 염려와 근심과 걱정이 가득 차 있습니다. 그렇다 보니 주변 사람들에게 하나님의 평안을 나눠 주는 삶을 살지 못합니다. 오히려 예수 믿지 않은 사람들의 걱정을 받으며 살아갑니다. 주님은 그런 사람들에게 이렇게 말씀하십니다.

아무것도 염려하지 말라

그러므로 내가 너희에게 이르노니 목숨을 위하여 무엇을 먹을까 무엇을 마실까 몸을 위하여 무엇을 입을까 염려하지 말라 목숨이 음식보다 중하지 아니하며 몸이 의복보다 중하지 아니하냐 공중의 새를 보라 심지도 않고 거두지도 않고 창고에 모아들이지도 아니하되 너희 하늘 아버지께서 기르시나니 너희는 이것들보다 귀하지 아니하냐 너희 중에 누가 염려함으로 그 키를 한 자라도 더할 수 있겠느냐 또 너희가 어찌 의복을 위하여 염려하느냐 들의 백합화가 어떻게 자라는가 생각하여 보라 수고도 아니하고 길쌈도 아니하느니라 그러나 내가 너희에게 말하노니 솔로몬의 모든 영광으로도 입은 것이 이 꽃 하나만 같지 못하였느니라 오늘 있다가 내일 아궁이에 던져지는 들풀도 하나님이 이렇게 입히시거든 하물며 너희일까 보냐 믿음이 작은 자들아 그러므로 염려하여 이르기를 무엇을 먹을까 무엇을 마실까 무엇을 입을까 하지 말라 이는 다 이방인들이 구하는 것이라 너희 하늘 아버지께서 이 모든 것이 너희에게 있어야 할 줄을 아시느니라 그런즉 너희는 먼저 그의 나라와 그의 의를 구하라 그리하면 이 모든 것을 너희에게 더하시리라 그러므로 내일 일을 위하여 염려하지 말라 내일 일은 내일이 염려할 것이요 한 날의 괴로움은 그날로 족하니라

마 6:25-34

위의 말씀에서 '염려'라는 단어가 여섯 번이나 나옵니다. 그중 두 번은 염려하지 말라는 말로 표현되어 있습니다. 염려의 헬라어 원어는 '메밈나'인데, 이 말은 '분열'을 의미합니다. 염려하면 마음이 갈라진다는 것입니다. 이 생각, 저 생각 다 들어서 괴롭게 되는 것, 그게 염려라는 단어가 가진 의미입니다.

근심도 같은 의미입니다. 마음이 나뉘고 갈라지고 찢어지는 것을 말합니다. 그래서 주님은 염려하지 말라고 하십니다. 여러 가지로 복잡하게 생각하지 말고, 오직 하나님만 믿고 그분께 모든 것을 맡기라는 것입니다. 그러면 염려하지 않고 살아갈 수 있

다고 말씀하십니다. 주님은 또 말씀하십니다.

> 너희 중에 누가 염려함으로 그 키를 한 자라도 더할 수 있겠느냐
> 또 너희가 어찌 의복을 위하여 염려하느냐 들의 백합화가 어떻
> 게 자라는가 생각하여 보라 수고도 아니하고 길쌈도 아니하느니
> 라 마 6:27-28

여기서 '생각하여 보라'는 헬라어로 '카타만싸노'입니다. '카타'와 '만싸노' 두 단어가 결합된 단어로, 보통 헬라어에서 동사 앞에 접두어 '카타'가 놓이면 그 동사를 강조하는 의미가 있습니다. '만싸노'는 배우다, 관찰하다, 연구하다 등의 뜻을 가지고 있습니다. 따라서 '아주 철저하게 공부해 봐라, 열심히 관찰해 봐라'로 해석하면 좋을 것입니다.

주님은 들의 백합화를 자세히 들여다보고 깊이 연구해서 깨달으라고 하십니다.

"잘 살펴봐라! 들의 백합화는 그 누구도 돌봐 주지 않는다. 그럼에도 불구하고 하나님이 아름답게 꽃을 피우게 하시지 않느냐? 하물며 하나님의 형상대로 지으신 당신의 자녀들을 돌보시지 않겠느냐?"

하나님이 아무도 관심을 두지 않는 미물도 돌보시는데, 하

나님의 자녀를 돌보시지 않겠느냐고 하십니다. 그러므로 아무것
도 염려하지 말라는 것입니다.

> 오늘 있다가 내일 아궁이에 던져지는 들풀도 하나님이 이렇게 입
> 히시거든 하물며 너희일까 보냐 믿음이 작은 자들아 마 6:30

주님은 염려하는 제자들에게 "믿음이 작은 자들아"라고 꾸
짖으십니다. 예수님은 염려의 근원적 문제가 바로 하나님을 믿
지 못하는 데 있음을 지적하셨습니다. '믿음이 작은 자'라는 표
현은 사복음서 중 마태복음에 네 번, 누가복음에 한 번 총 다섯
번 나옵니다. '믿음이 없다'는 말은 성경에 한 번 나오는데, 제자
들이 들었던 말입니다.

반면에 예수님이 믿음을 칭찬하신 내용은 두 번 나옵니다.
마태복음 8장에서는 가버나움의 백부장을 향해 "내가 이만한 믿
음을 이스라엘 중에서 만나 보지 못했다"고 칭찬하셨고, 마태복
음 15장에서는 수로보니게 여인의 믿음을 칭찬하셨습니다.

수로보니게 여인은 가나안, 지금의 레바논 지역에 살던 여
인입니다. 이방인입니다. 그런데 이 이방 여인이 예수님께 나아
와 귀신 들린 자신의 딸을 고쳐 달라고 애원했습니다. 그러자 예
수님이 이렇게 말씀하셨습니다.

"자녀의 떡을 취하여 개들에게 주는 것이 마땅치 않다."

이방인인 여인을 개라고 했으니 몹시 자존심 상하는 말씀이 아닐 수 없습니다. 그런데 여인은 아랑곳하지 않았습니다.

"주여, 옳습니다. 그러나 개들도 주인의 상에서 떨어지는 부스러기를 먹지 않습니까."

여인이 개 취급 받으면서 부스러기 은혜라도 달라고 구하고 있습니다. 그러자 예수님이 말씀하십니다.

"내가 이렇게 큰 믿음을 처음 보았다. 여자여, 네 믿음이 크다. 네 소원대로 되리라."

칭찬 받은 믿음의 주인공들은 모두 이방 사람들입니다. 가버나움의 백부장은 로마 사람입니다. 수로보니게 여인도 이방 여인입니다. 그런데 오히려 예수님을 따라다니던 제자들은 '믿음이 없다'는 말을 들었습니다.

우리의 믿음은 어떻습니까? 예수님을 믿는다고 말하고, 그분을 예배하는 자리에 늘 있지만 과연 우리의 믿음은 주님께 칭찬 들을 만합니까? 혹시 염려하고 근심하는 것이 있습니까? 그렇다면 믿음에 문제가 생긴 것입니다.

염려하지 않아도 되는 이유

> 그러므로 내일 일을 위하여 염려하지 말라 내일 일은 내일이 염려
> 할 것이요 한 날의 괴로움은 그날로 족하니라 마 6:34

이 말씀은 내일 일을 내일 염려하라는 뜻이 아닙니다. 원어
적인 의미는 '내일 일은 내일이 해결할 것이니 신경 쓰지 말라'
입니다. 주변에 염려하는 사람들을 잘 살펴보면, 굳이 염려하지
않아도 되는 것들을 염려하는 경우가 많습니다.

아서 랭크라는 사업가는 늘 고민과 걱정거리가 많았습니다.
미래에 대한 전망이 불확실하므로 불안했습니다. 어느 날, 그는
'매일 이렇게 불안과 염려 속에 살아가느니 일주일 중 하루만
염려하는 날로 삼자'고 생각하고 '수요일 염려상자'를 만들었습
니다.

일주일 동안 염려가 생길 때마다 그 내용과 날짜를 적어서
염려상자에 넣었습니다. 그리고 수요일에 한 번 개봉하기로 했
습니다. 얼마 후 염려상자를 열어 염려의 내용을 살피던 중 한
가지 사실을 발견했습니다.

메모지에 기록할 때만 해도 아주 큰 걱정거리였던 것이 며
칠 뒤에 보면 대수롭지 않다는 것이었습니다. 그는 그 어떤 염려

도 시간이 지나고 상황이 진전되면 염려할 일이 아니라는 것을 깨달았습니다.

괜히 쓸데없는 걱정을 하며 살고 있지 않습니까? 하나님은 우리에게 염려하지 말아야 할 이유를 일곱 가지로 가르쳐 주셨습니다.

첫째, 그 무엇보다 소중한 것이 생명입니다(마 6:25). 하나님이 그런 소중한 생명을 주셨는데, 그 귀한 것을 유지하는 데 필요한 것을 주시지 않겠습니까?

둘째, 주님은 공중의 새를 보라고 하십니다(마 6:26). 새가 염려하는 것을 보신 적 있습니까? 유명한 랍비 시므온은 "나는 평생 단 한 번도 수사슴이 무화과를 말리거나, 사자가 물건을 운반하거나, 여우가 장사하는 것을 본 적이 없다. 그러나 그들은 염려 없이 먹고 산다. 나를 위해 창조된 그들이 먹고 산다면 하나님을 섬기기 위하여 창조된 나는 얼마나 더 염려 없이 먹이시겠는가? 그러나 나는 염려함으로 내가 가지고 있는 것까지 부패시켰다"라는 글을 남겼습니다. 이처럼 불필요한 염려로 인해 하나님을 향한 믿음이 해를 입지 않도록 해야 합니다.

셋째, 염려로 해결할 수 있는 일은 없다고 하십니다(마 6:27). 염려가 키를 자라게 해 주지 않습니다. 모든 일의 주관자가 하나님이시기에, 해결자도 하나님이심을 믿어야 합니다. 스스로 모든 일을 해결하려는 자는 염려로 근심하는 삶을 살 수밖에 없지만, 하나님을 믿고 의지하는 자는 염려로부터 자유로울 수 있습니다.

넷째, 주님은 들의 백합화를 보라고 하십니다(마 6:28-30). 이 꽃은 우리가 알고 있는 백합이 아닙니다. 개양귀비나 아네모네 꽃을 그렇게 표현한 것입니다. 그런데 그 꽃이 인류 최대의 부귀 영화를 누린 솔로몬의 옷보다 더 아름답다고 하십니다.

오늘 피었다가 내일 아궁이로 던져지는 꽃도 하나님이 그렇게 아름답게 입히시는데, 하물며 하나님의 형상대로 만든 우리를 그렇게 입히시지 않겠느냐는 것입니다.

다섯째, 무엇을 먹을까, 무엇을 마실까, 무엇을 입을까 염려하는 것은 다 이방인들이 구하는 것이라고 하십니다. 주님은 그런 것들이 하나님을 섬기지 않는 사람들의 삶의 방식임을 지적하십니다(마 6:31-32). 하나님을 믿는다고 하면서 여전히 그런 삶의 방식과 태도를 가지고 살아간다면 그것은 하나님을 입으로만 믿는 것입니다. 신앙이 없는 것입니다. 주님은 정말 하나님을 믿으면 아무것도 염려하지 말라고 하십니다. 염려는 하나님을 불신하는 태도입니다.

여섯째, 주님이 우리에게 염려를 이길 수 있는 방법을 알려 주셨습니다. 그것이 무엇입니까? "그런즉 너희는 먼저 그의 나라와 그의 의를 구하라 그리하면 이 모든 것을 너희에게 더하시리라"(마 6:33). 하나님의 나라와 그분의 의를 구하면 염려할 것이 없습니다. 하나님의 나라와 하나님의 의를 위하여 살면 필요한 모든 것을 채워 주시기 때문에 염려할 필요가 없다고 말씀하십니다.

마지막 일곱째, 주님은 오늘 최선을 다하는 삶을 살아가면 된다고 하십니다. "그러므로 내일 일을 위하여 염려하지 말라 내일 일은 내일이 염려할 것이요 한 날의 괴로움은 그날로 족하니라"(마 6:34) 하고 말씀하셨습니다.

어제 일에 매여 있을 필요도 없고, 내일 일을 미리 걱정할 필요도 없습니다. 오늘 주어진 일에 최선을 다하면 되는 것입니다. 그렇게 매일을 살아가다 보면 어느 날 천국 가는 날이 되어 끝나는 것이 인생입니다.

그렇기에 예수님은 예상할 수 없는 내일과 전혀 일어나지도 않을 일 때문에 염려하지 말라고 말씀하시는 것입니다.

마음을 지키라

> 주께서 심지가 견고한 자를 평강하고 평강하도록 지키시리니 이는 그가 주를 신뢰함이니이다 사 26:3

2차 세계대전 당시 미군의 전사자가 35만 명이었다고 합니다. 그런데 참전용사들의 어머니, 그리고 그들의 아내가 염려하다가 심장병으로 죽은 사람이 100만 명이라고 합니다. 전쟁터에 있는 사람보다 훨씬 더 많은 이들을 죽게 한 것을 보면, 염려는 전쟁보다 무서운 것인가 봅니다.

염려는 외적 조건 때문에 일어나는 게 아닙니다. 똑같은 조건이라도 그 상황에 초연한 사람이 있는가 하면, 염려와 불안을 견디지 못해서 죽을 만큼 고민하는 사람이 있습니다. 염려는 철저히 내 마음에서 기인한 것입니다. 염려도 평안도 모두 마음으로부터 나옵니다. 그렇기에 마음을 지키는 것이 중요합니다.

독일의 슈테그만(Stegmann) 박사가 발표한 〈비용 요소의 두려움(1996)〉이라는 논문에 의하면, 독일 사람들이 걱정과 염려를 잊기 위해서 지출하는 비용이 1년에 80조 원이라고 합니다.

걱정거리, 염려거리를 잊기 위해 마시는 술값으로 약 30조 원,

수면제 등의 약품 구매 비용이 약 15조 원,

불안으로 인한 능률과 생산력 저하로 인해 보는 손해가 약 20조 원,

염려와 불안으로 생긴 병을 치료하는 데 들어가는 돈이 약 8조 원,

염려와 불안으로 인해 간접적으로 들어가는 비용이 약 7조원

예수님을 믿는 사람들이 염려와 근심을 다 버리면 재정적으로도 엄청난 효과를 누릴 수 있을 것입니다. 바울은 우리에게 이렇게 권면합니다.

> 아무것도 염려하지 말고 다만 모든 일에 기도와 간구로, 너희 구할 것을 감사함으로 하나님께 아뢰라 그리하면 모든 지각에 뛰어난 하나님의 평강이 그리스도 예수 안에서 너희 마음과 생각을 지키시리라 빌 4:6-7

쓸데없는 염려와 근심으로 인생을 피폐하게 하고 시간을 낭비하지 마십시오. 마음에 염려가 자리 잡지 못하도록 마음을 지키십시오.

> 너희 염려를 다 주께 맡기라 이는 그가 너희를 돌보심이라
> 벧전 5:7

염려와 걱정을 주님께 맡기므로 하나님이 주시는 평안만 가득하길 바랍니다. 김홍식 작가의 에세이,《오늘 하루 어떻게 사시려고》(다연, 2014)에서 다음의 내용이 눈에 들어왔습니다. 주님을 믿고 오늘 하루를 기쁨 가운데 최선을 다해 살아가십시오.

"인생은 한 번뿐이다. 오늘은 내 생에 다시는 오지 않는다. 어제 일로 오늘을 괴롭히지 말고 내일 일로 오늘을 피곤케 하지 말라. 한 번에 하루를 살라. 한 번에 한 가지 일을 하라. 한 번에 이틀을 살려 하고 한 번에 두 가지 일을 하려 하면 골치 아프기 시작하고 사는 것이 즐겁지가 않고 잘되는 것은 하나도 없을 것이다. 오늘은 어제를 닫은 날이고 내일을 여는 날이다. 오늘을 잘 살면 어제는 추억이 되고 내일은 희망이 될 것이다."

06   시험을 이기라

그때에 예수께서 성령에게 이끌리어 마귀에게 시험을 받으러 광야로 가사 사십 일을 밤낮으로 금식하신 후에 주리신지라 시험하는 자가 예수께 나아와서 이르되 네가 만일 하나님의 아들이어든 명하여 이 돌들로 떡덩이가 되게 하라 예수께서 대답하여 이르시되 기록되었으되 사람이 떡으로만 살 것이 아니요 하나님의 입으로부터 나오는 모든 말씀으로 살 것이라 하였느니라 하시니 이에 마귀가 예수를 거룩한 성으로 데려다가 성전 꼭대기에 세우고 이르되 네가 만일 하나님의 아들이어든 뛰어내리라 기록되었으되 그가 너를 위하여 그의 사자들을 명하시리니 그들이 손으로 너를 받들어 발이 돌에 부딪치지 않게 하리로다 하였느니라 예수께서 이르시되 또 기록되었으되 주 너의 하나님을 시험하지 말라 하였느니라 하시니 마귀가 또 그를 데리고 지극히 높은 산으로 가서 천하 만국과 그 영광을 보여 이르되 만일 내게 엎드려 경배하면 이 모든 것을 네게 주리라 이에 예수께서 말씀하시되 사탄아 물러가라 기록되었으되 주 너의 하나님께 경배하고 다만 그를 섬기라 하였느니라

마 4:1-10

시어머니가 얼마나 무섭고 싫던지, '시'자만 들어가도 무조건 싫어하는 며느리가 있었습니다. 심지어 시금치만 봐도 경기를 일으켰습니다. 시어머니는 며느리가 자신을 무서워한다는 걸 알고 더 무섭게 굴었습니다.

그러던 어느 날 며느리가 교회에 다니게 되면서 찬양을 흥얼거리는 날이 많아졌습니다. 그날도 며느리는 집안일을 하면서 찬양을 흥얼거렸습니다.

"예수가 함께 계시니 시험이 오나 겁 없네~."

자기 흥에 겨운 며느리는 시어머니가 외출했다 돌아오는 소리도 듣지 못했습니다. 시어머니는 그런 며느리를 보고 깜짝 놀랐습니다. 시어머니 발자국 소리만 들어도 벌벌 떨던 며느리였기 때문입니다. 더구나 며느리 입에서 나오는 가사가 충격적이었습니다. "예수가 함께 계시니 시어미 오나 겁 없네"로 들었던 것입니다. 시어머니는 며느리가 담대해졌다 생각해 이후로 더 이상 며느리를 괴롭히지 않았다고 합니다.

세상을 살아가는 동안 누구에게나 시험이 찾아옵니다. 시험이 없는 사람이 있다면 거짓말일 것입니다. 문제는 역경과 난관이 왔을 때 극복하지 못하고 쓰러져서 인생을 포기하는 것입니다.

목회자로서 안타깝게 여기는 것 중 하나가 시험을 당한 성도를 지켜보는 일입니다. 특히 너무 힘들어서 신앙마저 포기하는 성도를 보면 가슴이 너무 아픕니다. 시험은 누구에게나 찾아옵니다. 예수님도 시험을 당하셨습니다.

예수님께도 찾아온 시험

예수님은 공생애 사역을 침례(세례)로부터 시작하여 십자가의 죽음으로 완성하셨습니다. 예수님이 요단강에서 요한에게 침례를 받고 물에서 올라오실 때, 하늘로부터 "이는 내 사랑하는 아들이요 내 기뻐하는 자라"(마 3:17)는 소리가 들렸습니다. 하나님이 예수님이 메시아임을 선언하신 장면입니다.

그다음 이어지는 내용이 이렇게 시작합니다.

그때에 예수께서 성령에게 이끌리어 마귀에게 시험을 받으러 광야로 가사 마 4:1

예수님이 성령에 이끌려 광야로 가셨고, 거기서 마귀에게 시험을 받았다고 합니다. 예수님은 침례(세례)를 받음으로 하나님께 인정을 받으셨습니다. 이제 공식적인 사역이 시작되었습니다. 공생애를 시작한 예수님이 성령이 충만하여 병자를 고치고, 많은 기적과 표적을 행하셨다고 해야 맞을 것 같습니다. 그런데 이상하게도 마귀에게 시험을 받으러 가셨다고 합니다.

이것이 의미하는 바가 크다고 생각합니다. 성령으로 충만하고, 하나님께 인정받는 사역의 자리에 있다 하여도 마귀의 시험은 찾아옵니다. 하나님이신 예수님도 예외가 아니었습니다. 마귀의 시험에 대해 경각심을 가져야 합니다.

마귀는 40일 동안의 금식으로 굶주리셨던 예수님을 찾아와 첫 번째 시험을 합니다.

> 시험하는 자가 예수께 나아와서 이르되 네가 만일 하나님의 아들이어든 명하여 이 돌들로 떡덩이가 되게 하라 마 4:3

마귀는 굶주린 예수님께 "배고프지? 이 돌덩어리로 떡을 만들어라" 하고 유혹했습니다. 그러자 예수님은 "사람이 떡으로만 살 것이 아니요 하나님의 입으로부터 나오는 모든 말씀으로 살 것이라"(마 4:4) 하며 마귀를 물리치셨습니다.

예수님이 돌덩어리로 떡을 만드실 수 없었을까요? 아닙니다. 예수님은 만드실 수 있었습니다. 그런데 왜 안 만드셨습니까? 마귀가 시키는 일이니까 하지 않았습니다.

예수님은 구약의 말씀을 인용하여 마귀를 물리치셨습니다.

사람이 떡으로만 사는 것이 아니요 신 8:3

떡이 필요 없다는 뜻이 아닙니다. 사람이 살아가려면 양식이 필요하다는 것을 인정하셨습니다. 그러나 주님은 보다 근본적인 생명의 자원은 육신을 살찌우는 양식이 아니라, 하나님으로부터 공급되는 생명력임을 피력하신 것입니다.

하나님을 모르는 사람들은 떡만을 위해 살아갑니다. 육신의 양식, 배부름, 만족을 채우는 것을 인생의 목적으로 여기고 살아갑니다. 이런 사람은 마귀의 통치를 받을 수밖에 없습니다.

구원 받은 자들은 마귀의 통치권에서 벗어난 자들입니다. 우리는 하나님이 주시는 생명의 자원으로 영생을 누리고, 하나님의 통치를 받으며 살아가야 합니다. 인생에서 수없이 찾아오는 떡과 관련된 시험 앞에서 예수님처럼 승리해야 합니다.

예수님이 첫 번째 시험을 말씀으로 물리치시자, 마귀는 두 번째 시험을 합니다.

이에 마귀가 예수를 거룩한 성으로 데려다가 성전 꼭대기에 세우고 이르되 네가 만일 하나님의 아들이어든 뛰어내리라 기록되었으되 그가 너를 위하여 그의 사자들을 명하시리니 그들이 손으로 너를 받들어 발이 돌에 부딪치지 않게 하리로다 하였느니라

마 4:5-6

마귀가 예수님을 성전 꼭대기로 데려가서 "네가 만일 하나님의 아들이면 뛰어내려라. 그러면 천사들이 너를 받쳐 줄 것 아니냐?" 하고 시험했습니다. 이때 놀랍게도 마귀가 하나님의 말씀(시 91:11-12)을 인용합니다. 예수님이 첫 번째 시험을 말씀으로 이기시자 더 치밀하고 계획적으로 접근한 것입니다.

예수님은 그러한 마귀의 시험을 "주 너의 하나님을 시험하지 말라 하였느니라" 하고 다시 한 번 신명기 6장 16절의 말씀을 인용해 물리치셨습니다. "너희가 맛사에서 시험한 것같이 너희의 하나님 여호와를 시험하지 말고"라는 말씀이었습니다.

'맛사의 시험'은 출애굽기 17장 1-7절에 나오는 내용입니다. 애굽에서 나온 이스라엘 백성들이 르비딤에 이르렀을 때 모세와 다툽니다.

백성이 모세와 다투어 이르되 우리에게 물을 주어 마시게 하라 모

세가 그들에게 이르되 너희가 어찌하여 나와 다투느냐 너희가 어찌하여 여호와를 시험하느냐 출 17:2

모세는 물이 없다는 이유로 하나님의 신실하심과 돌보심에 대해 의심하는 백성들을 책망했습니다. 예수님도 그렇게 말씀하신 것입니다.

"어찌 하나님의 신실하심을 의심하겠느냐? 뛰어내려 봐야 하나님의 도우심을 믿느냐?"

그렇습니다. 하나님은 언제나 우리 곁에서 우리를 신실하게 돌보시고, 인도하십니다. 그런데 마귀는 그런 하나님을 의심하게 만듭니다. 때때로 찾아오는 삶의 곤고함 앞에서 '하나님은 도대체 어디에 계신가? 이렇게 힘든데 도대체 뭐 하고 계신 건가?' 하며 그분의 신실하심을 의심할 때가 있습니다.

'이 병만 낫게 해 주면 하나님을 믿을 텐데.'

'그 대학에만 합격시켜 주시면 하나님을 위해 살아갈 텐데.'

이런 것이 하나님을 시험하는 것이고, 의심하는 것입니다. 병이 낫든 안 낫든 하나님은 신실하시다, 원하는 대학에 합격하든 못하든 그분은 나를 돌보고 계신다고 믿을 수 있어야 합니다. 주님은 우리가 그 믿음으로 승리하길 원하십니다.

예수님처럼 시험을 물리치라

두 번의 시험이 통하지 않았음에도 불구하고 마귀는 포기하지 않았습니다. 또다시 예수님을 시험합니다.

> 마귀가 또 그를 데리고 지극히 높은 산으로 가서 천하 만국과 그 영광을 보여 이르되 만일 내게 엎드려 경배하면 이 모든 것을 네게 주리라 마 4:8-9

마귀는 예수님을 데리고 온 천하를 한눈에 내려다볼 수 있는 곳으로 갑니다. 그러고는 예수님께 "나에게 절하면 이 모든 것을 다스릴 수 있는 권세를 주겠다"고 합니다.

무슨 시험입니까? '너 위에 다른 통치자를 두지 말라'는 얘기입니다. 하나님의 권위, 그분의 주권을 무시하고 하고 싶은 대로 하며 살라는 유혹입니다.

창세기에서 마귀가 하와를 유혹할 때 "선악과를 따먹고 네가 하나님이 되라"고 했는데, 그와 동일한 유혹입니다. 더 이상 절대자의 통치 아래 있지 말고, 그 자리에 앉으라는 무서운 유혹인 것입니다. 그 시험에 아담과 하와는 넘어지고 말았습니다. 하지만 예수님은 한 치의 망설임 없이 마귀를 꾸짖으셨습니다.

사탄아 물러가라 기록되었으되 주 너의 하나님께 경배하고 다만 그를 섬기라 하였느니라 마 4:10

그리스도인은 오직 한 분 하나님의 통치를 받는 사람들입니다. 하나님이 왕이시고, 그분이 주인이십니다. 우리는 그분의 통치를 받으며 살아갈 때 가장 행복할 수 있습니다.

그 기준이 흐릿해지면 유혹에 넘어갈 수밖에 없습니다. 세상의 눈으로 볼 때 놓쳐선 안 될 기회일지라도, 누구나 오르고 싶은 자리일지라도, 그로 인해 하나님의 자녀라는 정체성이 흔들린다면 예수님처럼 꾸짖을 수 있어야 합니다.

한 가지 주목해야 할 내용이 다음 절에 이어집니다.

이에 마귀는 예수를 떠나고 천사들이 나아와서 수종드니라 마 4:11

동일한 내용이 다른 곳에는 이렇게 기록되어 있습니다.

마귀가 모든 시험을 다 한 후에 얼마 동안 떠나니라 눅 4:13

얼마 동안 떠났다는 것이 무슨 뜻입니까? 마귀가 기회를 보고 있다가 또 올 수 있다는 것입니다. 하나님의 아들이신 예수님에게도 마귀는 또다시 찾아오는 존재임을 알려 주고 있습니다. 하물며 우리에게는 어떻겠습니까?

> 근신하라 깨어라 너희 대적 마귀가 우는 사자같이 두루 다니며 삼
> 킬 자를 찾나니 벧전 5:8

마귀는 끊임없이 우리를 유혹하고 넘어뜨리기 위해 호시탐탐 노리고 있습니다. 그러므로 우리는 다만 늘 깨어 있어야 합니다. 기도해야 합니다. 하나님의 말씀으로 무장하고 있어야 합니다. 오직 말씀만이 시험을 이길 수 있게 합니다. 말씀을 바르게 알고 익혀서 예수님처럼 시험을 이겨 내는 삶을 살아야 합니다.

하나님이 주시는 시험

그런데 시험이 다 나쁜 것은 아닙니다. 마귀의 시험이 있는가 하면, 하나님의 시험도 있습니다. 마귀의 시험은 유혹이라 할 수 있습니다. 우리의 신앙이 자라지 못하도록 유혹하고, 예수님을 닮아 가지 못하도록 방해합니다.

반면에 하나님의 시험은 믿음이 자라고, 더 하나님의 사람답게 되기 위해 주어집니다. 그 시험을 통해서 우리는 자신의 능

력을 확인할 수 있습니다. 더 많은 일을 감당할 수 있는 사람인지, 그렇지 않은지를 확인할 수 있습니다.

그리고 시험을 이겨 내면 영적인 진보가 이뤄집니다. 더욱 예수님을 닮아 갈 수 있게 됩니다. 그런 면에서 하나님의 시험은 유익합니다.

> 내 형제들아 너희가 여러 가지 시험을 당하거든 온전히 기쁘게 여기라 약 1:2

시험은 누구에게나 찾아옵니다. 그러나 시험을 당해 승리하는 사람이 있고, 패배하는 사람이 있습니다. 시험 앞에 좌절하고 낙망하고 넘어지는 것은 하나님의 뜻도 아니고 하나님이 기뻐하시는 일도 아닙니다.

하나님은 우리가 시험을 이겨 내고 성숙해지길 원하십니다. 더욱 예수님을 닮아 가길 원하십니다. 성경 속 믿음의 영웅들은 이 시험을 이겨 냈습니다. 인류 역사에 흔적을 남긴 위대한 사람들 모두 역경을 이겨 낸 사람들입니다.

이스라엘 백성들은 가나안에 들어갈 때 곧바로 들어가지 못했습니다. 홍해를 건너고, 광야를 건너야 했습니다. 아말렉을 쳐 부수고, 마라를 지나고, 르비딤을 지나야 했습니다. 젖과 꿀이 흐르는 가나안 땅에 들어가기 위해 수많은 시험을 통과해야 했습니다.

애굽에서 가나안까지는 곧바로 간다면 열하루면 닿을 수 있는 거리입니다. 그런데 이스라엘 백성은 40년이 걸려 가나안에 들어갈 수 있었습니다. 40년 동안 시험을 받은 것입니다.

이 40년은 이스라엘 백성이 애굽에서 찌들었던 모든 때를 벗겨 내고 약속의 땅에 합당한 하나님의 백성으로 변화되는 시간이었습니다. 이 기간 동안 하나님은 이스라엘 백성에게 율법을 주시고 훈련하셨습니다.

하나님이 아브라함에게 독자 이삭을 제물로 바치라고 시험하신 때는, 갈대아 우르에서 부르신 뒤 한참이 지나서였습니다. 아브라함이 하란을 떠날 때 75세였고, 100세에 이삭을 낳았습니다. 그리고 이삭이 적어도 스무 살쯤 되었을 때 하나님은 아브라함을 시험하셨습니다. 아브라함을 처음 부르시고 약 40년이 지난 뒤 독자 이삭을 번제로 바치라고 시험하신 것입니다.

하나님은 예수님을 믿기로 하고 처음 교회 나온 사람에게 그다음 날 전 재산을 팔아서 주님께 바치라고 시험하시는 분이 아닙니다. 주님은 사람이 감당할 만한 시험 외에는 허락하지 않는다고 약속하셨습니다.

> 사람이 감당할 시험밖에는 너희가 당한 것이 없나니 오직 하나님
> 은 미쁘사 너희가 감당하지 못할 시험 당함을 허락하지 아니하시
> 고 시험 당할 즈음에 또한 피할 길을 내사 너희로 능히 감당하게
> 하시느니라 고전 10:13

시험에 넘어져 좌절하고 낙심하는 것은 우리가 이길 수 있는 시험인데도 스스로 포기하기 때문입니다. 하나님 말씀대로라면 우리는 어떤 시험도 이길 수 있습니다. 하나님의 말씀을 믿으십시오. 하나님은 우리가 버거워할 때면 피할 길을 내신다고 하셨습니다. 힘이 부족하면 하나님이 주실 것이고, 도움이 필요하면 사람도 보내실 것입니다.

그 사실을 믿을 수 있다면 시험이 어렵지 않게 느껴질 것입니다. 대학생에게 초등학생 수학 문제가 어렵지 않은 것처럼 말입니다.

그리 아니하실지라도

다니엘과 그의 세 친구 하나냐, 미사엘, 아사랴를 기억하십니까? 이들은 모두 느부갓네살왕 때 바벨론에 포로로 잡혀간 유다의 청년들입니다. 그들에게 주어진 바벨론식 이름이 다니엘은 '벨드사살', 하나냐는 '사드락', 미사엘은 '메삭', 아사랴는 '아벳

느고'입니다.

어느 날, 느부갓네살왕이 두라 평지에 큰 금신상을 세우고 낙성식을 열었습니다. 그리고 악기 소리가 날 때 모든 백성과 관리들이 신상을 향해 절을 하라는 명령을 내렸습니다. 누구든지 엎드려 절하지 않으면 즉시 맹렬히 타는 풀무불에 던져 넣겠다고 엄포를 놓았습니다.

그런데 악기 소리가 날 때, 사드락과 메삭과 아벳느고는 절하지 않았습니다. 느부갓네살이 다시 한 번 기회를 줄 테니 절을 하라 했으나 다니엘의 세 친구는 이렇게 말했습니다.

> 사드락과 메삭과 아벳느고가 왕에게 대답하여 이르되 느부갓네살이여 우리가 이 일에 대하여 왕에게 대답할 필요가 없나이다 왕이여 우리가 섬기는 하나님이 계시다면 우리를 맹렬히 타는 풀무불 가운데에서 능히 건져 내시겠고 왕의 손에서도 건져 내시리이다 그렇게 하지 아니하실지라도 왕이여 우리가 왕의 신들을 섬기지도 아니하고 왕이 세우신 금신상에게 절하지도 아니할 줄을 아옵소서 단 3:16-18

그들은 불굴의 신앙 정신을 가지고 왕의 유혹을, 왕의 시험을 물리쳤습니다. 느부갓네살이 그 말을 듣고 분이 나서 얼굴빛이 바뀌었습니다. 그는 풀무불을 평소보다 일곱 배나 더 뜨겁게 한 뒤 사드락과 메삭과 아벳느고를 결박하여 그 속에 던지라고 명령했습니다.

풀무불이 얼마나 뜨거웠던지 세 사람을 붙들고 있던 사람들이 타서 죽었다고 합니다. 그런 불에 세 사람이 떨어졌습니다. 그런데 놀라운 일이 벌어졌습니다. 분명 풀무불 속으로 던져진 자는 세 사람인데, 느부갓네살왕이 보니 불 속에 네 사람이 결박되지 않은 채로 다니고 있는 것이었습니다.

왕이 깜짝 놀라 다시 세 사람을 불 밖으로 불러냈습니다. 그들이 불 가운데서 나왔을 때, 불이 그들을 해하지 못했고, 머리털도 그을리지 않았으며, 겉옷 빛도 변하지 않았고, 불탄 냄새도 나지 않았습니다. 그 모습을 총독과 지사와 행정관과 왕의 모사들이 전부 목격했습니다. 이에 느부갓네살왕이 뭐라고 인정하며 찬양합니까?

> 느부갓네살이 말하여 이르되 사드락과 메삭과 아벳느고의 하나님을 찬송할지로다 그가 그의 천사를 보내사 자기를 의뢰하고 그들의 몸을 바쳐 왕의 명령을 거역하고 그 하나님밖에는 다른 신을 섬기지 아니하며 그에게 절하지 아니한 종들을 구원하셨도다
> 단 3:28

다니엘의 세 친구는 시험 앞에서 하나님을 철저히 의지했습니다. 그들은 그리 아니하실지라도 하나님을 향한 마음을 순결하게 지키겠다고 결심했습니다. '뭔가를 해 주시면' 하고 바라는 조건부 믿음으로는 결코 시험을 이길 수 없습니다. '그리 아니하실지라도'의 믿음이 시험을 이기게 합니다.

하나님의 명예를 위하여

어려운 시험을 당했을 때 성도는 하나님의 명예를 생각할 수 있어야 합니다.

다리오왕 때 바벨론은 120개의 도가 있었고 각 도에는 도지사가 있었습니다. 도지사 위로 세 명의 총리가 있었는데, 그중 한 명이 다니엘이었습니다. 다니엘은 세 명의 총리 중에서도 단연 으뜸이었습니다.

바벨론 관리의 입장이 어땠을까요? 속상했을 것입니다. 포로로 잡혀온 자의 명령을 들어야 했기 때문입니다. 그래서 어떻하든 다니엘을 고소할 꼬투리를 찾았지만 쉽지 않았습니다. 시비를 걸 수 있는 건 단 하나 신앙에 관한 것뿐이었습니다. 당시 유대인들은 포로생활을 하는 동안 날마다 예루살렘을 향하여 기도를 드렸는데, 창문을 열어 둔 채 큰 소리로 기도했습니다. 그걸 이용해서 악한 계략을 짰습니다.

그들은 왕에게 앞으로 30일 동안 왕 이외에 다른 사람이나 신에게 구하는 사람, 즉 기도하는 사람은 사자굴 속에 던져 넣자는 조서를 꾸며 올렸습니다. 왕은 자신 이외에 누구에게도 구하지 못하게 하자고 하니까 기분이 좋았습니다. 그래서 그 조서에 도장을 찍어 준 뒤 전국 방방곡곡에 방을 붙이도록 했습니다.

다니엘은 왕 다음가는 총리의 자리에 있었습니다. 그렇기 때문에 그 조서에 대해 누구보다 먼저 모범을 보여야 했습니다. 그런데 다니엘은 어떻게 합니까?

> 다니엘이 이 조서에 왕의 도장이 찍힌 것을 알고도 자기 집에 돌아가서는 윗방에 올라가 예루살렘으로 향한 창문을 열고 전에 하던 대로 하루 세 번씩 무릎을 꿇고 기도하며 그의 하나님께 감사하였더라 단 6:10

이렇게 생각할 수도 있었을 겁니다.

'앞으로 30일 동안인데, 소나기는 피해 가야지. 하나님도 아실 거야. 30일 동안 기도 안 한다고 뭐 달라지나, 사자굴 속에 떨어지는 것보다 낫지.'

그러나 다니엘은 그렇게 생각하지 않았습니다. 그 시험을 이겨 냈습니다. 믿음으로 이겨 낸 것입니다.

계략을 꾸민 자들이 그 사실을 알아채고 다니엘을 고발했습니다. 다리오왕은 아끼던 다니엘을 사자굴 속에 넣는 것이 너무나 마음이 아팠습니다. 그러나 당시 한 번 세워진 법은 절대로 무를 수 없었습니다. 결국 다니엘은 사자굴 속으로 던져지고 말았습니다.

왕은 밤새 한숨도 자지 못했습니다. 다음 날 새벽 일찍 왕이 사자굴로 달려가서 말합니다.

"다니엘아, 네가 항상 섬기는 네 하나님이 사자들에게서 능히 너를 구원하셨느냐?"

성경에 슬프게 소리 질렀다고 표현한 것으로 봐서, 다리오왕은 이미 다니엘이 죽었다고 생각하고 애도를 표한 것 같습니다. 그런데 그때 굴속에서 다니엘의 목소리가 들립니다.

> 다니엘이 왕에게 아뢰되 왕이여 원하건대 왕은 만수무강하옵소서 나의 하나님이 이미 그의 천사를 보내어 사자들의 입을 봉하셨으므로 사자들이 나를 상해하지 못하였사오니 이는 나의 무죄함이 그 앞에 명백함이오며 또 왕이여 나는 왕에게도 해를 끼치지 아니하였나이다 단 6:21-22

다니엘이 괜히 다니엘이 된 것이 아닙니다. 그가 타협했다

면, 그가 시험 앞에 굴복했다면 어떻게 되었을까요? 다니엘이
기도를 멈췄다면 다리오왕이 하나님보다 더 큰 존재라고 인정
하는 셈이 됩니다.

그렇게 목숨을 걸고 하나님의 명예를 지키고자 했던 다니엘
을 하나님이 지키신 것입니다. 우리도 다니엘이 보여 준 이 신앙
의 저력을 회복해야 합니다. 어떤 시험 앞에서도 주눅 들지 않
고, 굴복하지 않고, 끝까지 하나님을 믿는 믿음으로 살아가야 합
니다.

장벽을 만났다면 넘어서야 합니다. 시험과 유혹을 당했다면
이겨 내야 합니다. 지금 당장 내 입에 달더라도 그것이 주님이
원하시는 게 아니라면 과감하게 버릴 수 있어야 합니다. 그래야
하나님께 존귀하게 쓰임 받을 수 있습니다.

때로 성령의 인도하심 가운데 있어도 힘겨울 때가 있습니
다. 그러나 그 순간을 믿음으로 이겨 내면 성경 속 위대한 믿음
의 사람들처럼 역사에 거룩한 흔적을 남길 수 있습니다. 장벽 앞
에서 주저앉지 말고 장벽을 넘어서십시오. 시험과 유혹에 굴복
하지 말고 이겨 내어 승리하는 삶을 살게 되길 바랍니다.

그들이 조반 먹은 후에 예수께서 시몬 베드로에게 이르시되 요한의 아들
시몬아 네가 이 사람들보다 나를 더 사랑하느냐 하시니 이르되 주님 그
러하나이다 내가 주님을 사랑하는 줄 주님께서 아시나이다 이르시되 내
어린 양을 먹이라 하시고 또 두 번째 이르시되 요한의 아들 시몬아 네가
나를 사랑하느냐 하시니 이르되 주님 그러하나이다 내가 주님을 사랑하
는 줄 주님께서 아시나이다 이르시되 내 양을 치라 하시고 세 번째 이르
시되 요한의 아들 시몬아 네가 나를 사랑하느냐 하시니 주께서 세 번째
네가 나를 사랑하느냐 하시므로 베드로가 근심하여 이르되 주님 모든 것
을 아시오매 내가 주님을 사랑하는 줄을 주님께서 아시나이다 예수께서
이르시되 내 양을 먹이라

요 21:15-17

2007년에 신 세계 7대 불가사의(New 7 Wonder) 가운데 하나로 선정된 유네스코 문화유산이 있습니다. 바로 요르단의 보석으로 불리는 암벽 도시 '페트라'(Petra)입니다.

'페트라'는 성경에 나오는 에돔의 후손들이 살던 고대 도시입니다. 페트라는 고대 나바테아 왕국의 수도로, 암벽을 깎아서 그 속에 궁전과 신전을 지었습니다. 사람이 살 수 있는 집은 물론 무덤과 수로시설까지 있던 거대한 도시였습니다.

'페트라'는 '바위'라는 뜻으로, 바윗덩어리를 말하는 '페트로스'의 복수형입니다. 큰 바위들이 모여 산을 이룬 것을 의미하는 단어가 '페트라'인 것입니다.

그런데 성경에 페트라의 단수형인 '페트로스'라는 이름을 가진 인물이 있습니다. 바로 베드로입니다. 많은 사람들이 베드로는 원래 시몬이라는 이름을 가지고 있다가 바뀐 것으로 알고 있습니다. 그런데 사실 엄밀하게 따지면 시몬이라는 성에 베드로라는 이름을 더하신 것입니다. 요한복음에는 '시몬 베드로'라는 호칭이 19번이나 등장합니다.

베드로는 헬라어이고 아람어로는 '게바' 또는 '케파스'입니다. 아람어 게바가 헬라어 '페트로스'로 번역된 것입니다. 살펴본 것처럼, 페트로스(베드로)는 그 뜻이 돌멩이 또는 반석입니다.

시몬 베드로, 그는 누구인가?

'시몬'은 '갈대'라는 뜻입니다. 바람에 잘 흔들리는 갈대와 단단한 바위가 이름에 함께 있다는 것이 재미있습니다. 베드로의 삶이 그 이름에 담겨 있는 듯합니다.

베드로와 형제인 안드레, 그리고 빌립은 모두 가버나움 옆 동네인 벳새다 사람들입니다. 예수님이 오병이어의 기적을 베푸신 곳이 벳새다 광야입니다. 벳새다라는 이름의 뜻이 '어부의 집'인 것을 봐서도 그곳에 살던 베드로와 안드레가 어부였다는 것을 알 수 있습니다.

마태복음 16장 17절에 보면 베드로와 안드레의 아버지가 누구인지 알 수 있습니다.

"예수께서 대답하여 이르시되 바요나 시몬아…" 여기서 '바'는 아들이라는 의미입니다. 디메오의 아들이 바디메오인 것처럼 '바요나'은 '요한의 아들'이라는 뜻입니다. 발음상 편의를 위해

'바요한'이라 하지 않고 '바요나'라고 한 것입니다.

베드로는 예수님의 제자들 중 수제자였습니다. 유대인들에게는 나이 많은 사람을 존경하는 풍습이 있었습니다. 나이가 곧 권위로 통하곤 했는데, 아마도 베드로가 제자들 중에서 가장 나이가 많았기 때문에 수제자가 되지 않았나 생각됩니다.

또 베드로와 안드레가 고기잡이배를 소유하고 있는 것으로 봐서, 집안 형편도 꽤 유복했던 것으로 보입니다. 성경에 베드로가 결혼했다는 직접적인 기록은 없지만, 장모가 열병을 앓았다는 기록이 있는 것으로 보아 그가 결혼을 했다는 것도 미루어 짐작할 수 있습니다.

예수님을 만난 베드로

마태복음 4장에는 예수님이 베드로와 안드레를 제자로 부르시는 장면이 나옵니다.

갈릴리 해변에 다니시다가 두 형제 곧 베드로라 하는 시몬과 그의 형제 안드레가 바다에 그물 던지는 것을 보시니 그들은 어부라 말씀하시되 나를 따라오라 내가 너희를 사람을 낚는 어부가 되게 하리라 하시니 마 4:18-19

예수님이 베드로를 부르시는 장면은 마가복음 1장, 요한복음 1장, 누가복음 5장에도 나옵니다. 그런데 베드로가 예수님을 만나는 장면이 조금씩 다르게 기록되어 있습니다. 사실 사복음서의 내용 중에 같은 사건인데 조금씩 다르게 기록된 것들이 있습니다. 혹자는 "같은 내용인데 왜 다르게 기록되었을까? 오류가 아닌가?" 하고 시비를 걸기도 합니다.

하지만 저는 오히려 이런 점들로 인해 성경의 진실성이 더욱 입증된다고 생각합니다. 성경의 저자들이 서로 입을 맞춰 지어 냈거나 기록했다면 차이가 없었을 것이기 때문입니다. 그런데 조금씩 차이가 나는 것은 저자들 각자가 사건을 바라보는 관점과 강조하고 싶은 내용이 달랐기 때문입니다. 하나님은 동일한 사건에 대해 성경에 기록할 때도 저자의 개성을 묵살하지 않으셨습니다. 오히려 그것을 진리를 더욱 선명하게 드러내는 데 사용하셨습니다.

사복음서 모두 베드로를 부르시는 장면을 통해 강조하고 있는 한 가지 공통점이 있습니다. 그것은 바로 베드로가 예수님을 따라갔다는 것입니다.

베드로는 자신의 소유물(배와 그물)을 버려두고, 생업을 뒤로한 채 예수님을 따라갔습니다. 예수님의 제자가 된 것입니다. 베드로는 그때까지 갈릴리 호수에서 물고기 낚는 일을 생업으로 하던 사람이었습니다. 예수님을 만나자 물고기가 아닌 사람을 낚는 자로 그의 인생이 바뀌었습니다.

많은 사람들이 예수님을 만나기 전 베드로의 모습처럼 살아갑니다. 하나님이 이 땅에 보내신 이유와 목적을 알지 못한 채, 자신의 만족과 안위만을 위해 살아갑니다. 하지만 주님을 만나면 바뀌게 됩니다. 인생의 참 의미를 깨닫게 됩니다. 자신이 가치 있다고 여기던 것들을 과감히 내려놓고 주님이 가치 있다고 여기는 것에 삶을 드리게 됩니다.

정말 예수님을 만나셨습니까? 그렇다면 삶의 목적이 달라지고, 가치관이 달라져야 합니다. 스스로 가치 있다 여기며 목숨 걸고 매달렸던 일도 주님을 따르는 데 방해가 된다면 과감히 버릴 수 있는 결단이 필요합니다.

주님을 만나는 것도 중요하지만, 주님을 따르는 자가 되는 것은 더욱 중요합니다. 어쩌면 사복음서가 이 장면을 공통적으로 강조하는 것도 그 때문이 아닌가 합니다.

예수님을 따라 그분의 제자가 된 베드로는 주님을 아주 가까이서 보고 배우며 살았습니다. 이전에 아버지를 통해 물고기 낚는 법을 배웠다면, 예수님을 통해서는 사람 낚는 법을 배웠습니다. 예수님이 누구신지, 그분이 어떤 분이신지 날마다 더 깊이 배우고 느끼는 삶을 살았습니다.

그러던 어느 날 빌립보 가이사랴 지방을 지날 때였습니다. 빌립보 가이사랴는 팔레스타인 땅의 맨 북쪽으로 레바논, 시리아와 접경지역입니다. 그 부근의 헬몬산은 백향목이 많이 나는 걸로 유명합니다. 레바논의 국기에 백향목이 그려진 것을 볼 수 있습니다. 빌립보 가이사랴는 바로 그런 지역에 있었습니다.

가이사랴 하고는 다릅니다. 가이사랴는 지중해를 끼고 있는 항구 도시이고, 빌립보 가이사랴는 갈릴리 호수 북쪽에 있습니다. 그곳에 이르러 예수님이 제자들에게 질문하셨습니다.

예수께서 빌립보 가이사랴 지방에 이르러 제자들에게 물어 이르시되 사람들이 인자를 누구라 하느냐 마 16:13

그 질문에 제자들이 답을 합니다.

"더러는 침례(세례) 요한, 더러는 엘리야, 어떤 이는 예레미야나 선지자 중의 하나라고 합니다."

그러자 예수님이 다시 물으십니다. "그러면 너희는 나를 누구라고 생각하느냐?"

그때 베드로가 대답합니다.

주는 그리스도시요 살아 계신 하나님의 아들이시니이다 마 16:16

예수님은 그 대답을 듣고 매우 기뻐하며 베드로에게 말씀하셨습니다.

> 예수께서 대답하여 이르시되 바요나 시몬아 네가 복이 있도다 이를 네게 알게 한 이는 혈육이 아니요 하늘에 계신 내 아버지시니라 또 내가 네게 이르노니 너는 베드로라 내가 이 반석 위에 내 교회를 세우리니 음부의 권세가 이기지 못하리라 마 16:17-18

예수님은 시몬을 칭찬하며 베드로라는 이름으로 불러 주셨습니다. 그리고 엄청난 축복을 해 주셨습니다. 그래서 많은 사람들이 베드로의 이 위대한 신앙고백을 기억합니다. 베드로는 자기 자신을 얼마나 자랑스럽게 생각했을까요? 자신의 이름을 들을 때면 늘 주님의 칭찬이 떠올랐을 것입니다. 그래서였을까요? 그는 언제나 나서길 좋아했고, 자신감에 넘쳤습니다.

> 그때에 예수께서 제자들에게 이르시되 오늘 밤에 너희가 다 나를 버리리라 기록된 바 내가 목자를 치리니 양의 떼가 흩어지리라 하였느니라 그러나 내가 살아난 후에 너희보다 먼저 갈릴리로 가리라 베드로가 대답하여 이르되 모두 주를 버릴지라도 나는 결코 버리지 않겠나이다 마 26:31-33

예수님이 잡히시던 날 제자들에게 말씀하셨습니다.

"오늘 밤에 너희들 모두 나를 버릴 것이다."

그런데 베드로가 그 말씀을 듣고 말합니다.

"모두가 주님을 버릴지라도 저는 절대 그러지 않겠습니다."

옆에 있던 제자들은 얼마나 기분이 상했을까요? 하지만 주님은 그에게 다시 말씀하셨습니다.

"베드로야, 오늘 밤 닭이 울기 전에 네가 나를 세 번 부인할 것이다."

그러자 베드로가 다시 말합니다.

"주님, 내가 주님과 함께 죽을지언정 주님을 부인하는 일은 없을 것입니다!"

베드로는 거짓으로 그런 말을 한 것이 아니었습니다. 그 순간은 진심이었습니다.

'나는 베드로야, 나는 반석이라고! 내가 주님을 부인한다는 것은 있을 수 없는 일이지.'

그러나 우리는 베드로의 고백이 어떻게 바뀌었는지를 잘 알고 있습니다.

예수님을 부인한 베드로

베드로가 바깥 뜰에 앉았더니 한 여종이 나아와 이르되 너도 갈릴리 사람 예수와 함께 있었도다 하거늘 베드로가 모든 사람 앞에서 부인하여 이르되 나는 네가 무슨 말을 하는지 알지 못하겠노라 하며 앞문까지 나아가니 다른 여종이 그를 보고 거기 있는 사람들에게 말하되 이 사람은 나사렛 예수와 함께 있었도다 하매 베드로가 맹세하고 또 부인하여 이르되 나는 그 사람을 알지 못하노라 하더라 조금 후에 곁에 섰던 사람들이 나아와 베드로에게 이르되 너도 진실로 그 도당이라 네 말소리가 너를 표명한다 하거늘 그가 저주하며 맹세하여 이르되 나는 그 사람을 알지 못하노라 하니 곧 닭이 울더라 이에 베드로가 예수의 말씀에 닭 울기 전에 네가 세 번 나를 부인하리라 하심이 생각나서 밖에 나가서 심히 통곡하니라

마 26:69-75

베드로가 예수님을 부인하는 장면입니다. 그는 예수님이 말씀하신 대로 궁지에 몰리자 세 번이나 주님을 부인했습니다. 심지어 저주하며 맹세하면서까지 예수님을 부인했습니다.

그뿐만이 아닙니다. 요한복음 21장 전반부를 보면 예수님이 십자가에 달려 돌아가시자 베드로는 "나는 물고기 잡으러 가노

라"고 말합니다.

예수님은 돌아가시기 전 목요일 저녁에 제자들과 마지막 만찬을 하셨습니다. 그리고 금요일에 돌아가셨고, 토요일을 지나 주일에 부활하셨습니다. 부활하셔서 가장 먼저 무덤을 찾아갔던 막달라 마리아를 만나시고, 다락방에 모인 제자들을 두 번째로 만나셨습니다. 그리고 요한복음 21장의 내용에서 예수님은 세 번째로 나타나셨습니다.

추측컨대 요한복음 21장의 내용은 예수님이 부활하신 다음 날, 즉 월요일에 있었던 일인 듯합니다. 예수님과 함께 죽겠다던 베드로가 다시 물고기를 잡으러 간다고 했습니다. 사람을 낚는 어부로 부르심 받고는 다시 물고기 낚는 어부로 돌아가겠다 한 것입니다. 그랬더니 다른 제자들도 베드로를 따라나섰습니다.

제대로 된 제자라면, 예수님이 하신 일을 계속 이어 가자고 해야 했습니다. 그런데 베드로를 비롯한 제자들은 지난 3년 동안 헛고생만 했을 뿐이라는 듯 다시 본업으로 돌아가려 했습니다. 예수님이 돌아가신 지 오래된 것도 아니고, 단지 엊그제 돌아가셨는데 말입니다. 어떻게 이렇게 빨리 돌변한단 말입니까? 그런데 사실 우리도 다르지 않습니다.

이스라엘 백성이 "호산나, 이스라엘의 왕이시여" 하며 종려나무 가지를 들고 예수님을 맞이하던 날이 주일이었습니다. 그런데 일주일이 채 안 되어 금요일에 "십자가에 못 박혀야 하겠 나이다" 하고 고함을 지르는 모습으로 돌변했습니다.

우리는 어떻습니까? 뭔가 잘될 때는 주님을 향한 마음이 뜨 겁습니다. 주님께 뭐든지 다 드릴 수 있을 것 같습니다. 하지만 뭔가 일이 잘 풀리지 않고, 어려운 일이 계속되면 언제 그랬냐는 듯이 마음이 차가워집니다. 주님이 맡기신 일들을 내팽개치고 아등바등 살 궁리나 합니다.

베드로를 찾아오신 예수님

베드로도 그랬습니다. 예수님을 세 번 부인한 후 닭의 울음 소리를 듣고 예수님이 하신 말씀이 생각나서 통곡한 것이 지난 목요일 밤입니다. 그런데 며칠 지나지 않아 예수님을 다 잊어버 리고 다시 먹고살기 위해 고기를 잡으러 갔습니다. 하지만 밤이 새도록 아무것도 잡지 못했습니다.

동틀 무렵 예수님이 바닷가에 서 계셨으나 알아보지 못했습 니다. 예수님이 "얘들아, 너희에게 고기가 있느냐?" 하고 물어봐 도 예수님을 몰라봤습니다. 배에 시몬 베드로, 디두모라 하는 도 마, 갈릴리 가나 사람 나다나엘, 세베대의 두 아들, 그리고 또 다 른 두 제자 등 총 일곱 명이 있었는데도, '어! 어디서 많이 듣던 목소린데? 예수님 목소리 아닌가?' 하고 생각하는 제자가 한 명도 없었습니다.

예수님이 "그물을 배 오른편에 던지라 그리하면 얻으리라"
하시자 제자들이 말씀대로 그물을 오른쪽에 던졌고, 그물을 들
수 없을 만큼 고기가 많이 잡혔습니다.

그제야 요한이 예수님인 것을 눈치채고 "주님이시다" 하고
외쳤습니다. 그 말을 듣고 베드로가 옷을 벗고 있다가 황급히 겉
옷을 두르고 물에서 뛰어내려 예수님께 왔습니다. 그가 육지로
올라왔을 때 그를 기다리고 있는 것이 있었습니다.

> 육지에 올라 보니 숯불이 있는데 그 위에 생선이 놓였고 떡도 있
> 더라 요 21:9

베드로가 숯불을 보는 순간 무슨 생각을 했을까요? 며칠 전
대제사장 가야바의 집 뜰에서 숯불을 쬐다가 예수님을 세 번이
나 모른다고 부인하던 일이 떠오르지 않았을까요?

정말 부끄럽고, 송구스럽고, 죄스럽고, 어쩌면 고개도 들지
못했을지도 모릅니다. 그런데 주님은 지난밤 고기를 잡느라 허
기지고 지친 제자들을 먹이기 위해 떡과 고기를 준비해 두셨습
니다. 자기를 부인하고 떠났던 제자들을 위해 말입니다.

주님은 바로 그런 분입니다. 우리가 주님을 모른다고 떠나

가도 주님은 먼저 우리를 찾아오십니다. 주님 없이 지내는 동안 외롭고, 슬프고, 지치고, 고단해진 우리를 모르는 척하지 않으십니다. 다시 회복시켜 주십니다.

네가 나를 사랑하느냐

조반을 다 먹은 후에 예수님이 시몬 베드로에게 물으십니다.

"요한의 아들 시몬아, 네가 이 사람들보다 나를 더 사랑하느냐?"

베드로가 대답합니다.

"주님, 그러하나이다 내가 주님을 사랑하는 줄 주님께서 아시나이다."

그러자 주님이 말씀하십니다.

"내 어린 양을 먹이라"

조금 있다 또 물으십니다.

"요한의 아들 시몬아 네가 나를 사랑하느냐?"

'이 사람들보다 더'가 빠졌습니다. 베드로는 같은 말로 대답했고, 주님은 "내 양을 치라"고 말씀하십니다.

예수님이 세 번째로 또 물으십니다.

"요한의 아들 시몬아, 네가 나를 사랑하느냐?"

예수님이 같은 말을 세 번 물어보시자 베드로가 근심하며 대답합니다.

"주님 모든 것을 아시오매 내가 주님을 사랑하는 줄을 주님께서 아시나이다."

예수님은 왜 베드로에게 세 번이나 같은 질문을 하셨을까요? 베드로를 회복시키기 위해서입니다. 세 번이나 예수님을 부인한 베드로는 감히 주님을 향한 사랑의 고백을 할 수 없었습니다. 그런 베드로에게 "베드로야, 네가 어찌했건 나는 변함없이 너를 사랑한단다. 너도 나를 사랑하지?"라고 물으시며 주님을 향한 사랑을 고백할 수 있도록 베드로를 다시 세워 주신 것입니다.

모든 사명을 내팽개쳐 두고 떠나온 베드로에게 "베드로야, 내가 너를 처음 부를 때 사람 낚는 어부가 되게 하겠다던 것 기억하지? 그것 잊으면 안 돼. 네가 내 양을 먹여야 한다" 하고 그를 다시 사명자로 세워 주신 것입니다.

그리고 다시 말씀하십니다. "베드로에게 이르시되 나를 따르라"(요 21:19). 주님은 다시 베드로를 주님의 제자로 세워 주신 것입니다.

그렇습니다. 주님을 향한 사랑을 잊어버리고, 사명을 잊어버리고, 제자의 정체성도 잊어버린 채 살아가던 베드로를 주님은 버리시지 않았습니다. 다시 그의 삶에 찾아오셔서 주님을 향한 사랑을 회복시키시고, 사명을 기억나게 하시며, 그분의 제자로 살아갈 수 있도록 회복시키셨습니다.

때로 우리도 베드로처럼 넘어질 수 있습니다. 주님 앞에 고개를 들지 못할 만큼 염치없는 모습일 때가 있습니다. 주님을 사랑한다고 고백하지도 못하고, 그분이 맡기신 일을 망각한 채 무의미하게 세상을 살아갈 때가 있습니다. 그럴지라도 예수님은 우리를 포기하지 않고 찾아오십니다. 그래서 우리는 다시 일어설 수 있습니다.

주님과 함께 일어서십시오. 우리 삶에 주님을 향한 진정한 사랑의 고백이 가득하길 바랍니다. 주님이 맡기신 사명을 감당하기 위해 살아가길 바랍니다. 예수 그리스도의 제자가 되어 다시금 신실하게 그분을 따르게 되기를 바랍니다.

미국 미시간 주에는 '실패 박물관'이라는 곳이 있습니다. 이곳의 정식 명칭은 '신제품 작업소'(New Product Works)입니다. 로버트 맥매스(Robert McMath)라는 사람이 1960년대 말부터 취미로 모은 신제품들을 1990년에 따로 공간을 만들어 전시한 곳입니다. 그가 모았던 신제품의 80% 이상이 결국 실패하여 흔적도 없이 사라졌습니다. 처음 생각과 달리 실패작들만 모인 곳이 된 것입니다.

그러나 그는 계속해서 신제품을 모았고, 그렇게 해서 이 박물관에는 무려 7만 점 이상의 실패작들이 모였습니다. 그러자 사람들은 실패작들의 스토리에 관심을 갖기 시작했습니다. 그것을 통해 배울 것이 있었기 때문입니다. 어느덧 그곳은 기업 경영인들이 실패한 제품들을 공부하기 위한 명소로 거듭나게 되었습니다.

한 번도 실패하지 않은 사람은 없습니다. 중요한 것은 실패의 자리에서 다시 일어서는 것입니다. 그럴 때 실패와 좌절을 겪어 보지 않은 사람보다 훨씬 더 큰 자산을 얻을 수 있습니다.

조지 워싱턴(George Washington)은 10번의 전쟁에서 7번을 패한 장군이었으나 미국의 초대 대통령이 되었습니다. 어쩌면 인생의 80%가 실패의 연속일 수도 있습니다. 실패의 자리에서 절망하고 주저앉으면 끝까지 실패와 함께 하는 인생이 됩니다. 그러나 실패를 통해 배우고, 그 자리에서 다시 일어설 수 있다면 반드시 성공하는 삶을 살게 될 것입니다.

> 대저 의인은 일곱 번 넘어질지라도 다시 일어나려니와 악인은 재앙으로 말미암아 엎드러지느니라 잠 24:16

의인은 다시 일어설 수 있습니다. 주님과 함께 다시 일어서십시오. 다시 일어서서 주님이 맡기신 사명을 위해 살아가십시오. 예수님의 제자가 되어 다시금 신실하게 그분을 따라 살게 되기를 바랍니다.

진리를 알지니 진리가 너희를 자유롭게 하리라
요 8:32

"자유가 아니면 죽음을 달라."

이 짧고 간결한 말 한마디가 모든 미국 사람들에게 얼마나 큰 감동을 주었는지 모릅니다. 1776년 7월 4일이 미국의 독립 기념일인데, 그로부터 1년 4개월 전인 1775년 3월에 변호사이자 식민지 의회 의원이던 패트릭 헨리(Patrick Henry)가 이 연설을 했습니다. 이 연설을 계기로 미국의 독립운동이 전개되었습니다. 자유가 아니라면 차라리 죽겠다는 열망이 미국인들의 마음을 강력하게 움직이는 폭탄의 도화선이 된 것입니다.

미국의 수도 워싱턴에 백악관이 있습니다. 백악관 앞에는 내셔널 몰(National Mall)이라는 넓은 광장이 있고, 그 가운데 거대한 워싱턴 기념탑이 서 있습니다. 광장의 서쪽으로 링컨기념관이 있고, 그 부근에 한국전쟁 참전 용사 기념공원이 있습니다. 공원에는 한국전쟁 참전 용사 19명의 동상이 세워져 있고 그 오른편에는 참전 용사들의 얼굴이 새겨진 대리석 벽면이 있는데,

거기에 아주 유명한 문구가 새겨져 있습니다.

"Freedom is not free"(자유는 공짜가 아니다).

우리나라가 광복절과 삼일절을 국경일로 정하고 해마다 기념행사를 하는 이유가 무엇입니까? 자유를 잃어버린다는 것이 얼마나 비극적인 일인가를 상기하고, 우리에게 주어진 자유의 소중함을 되새기기 위함이 아니겠습니까? 잃어버린 자유를 다시 찾기 위해 흘린 선조들의 땀과 피를 잊지 않기 위해서 이날을 국경일로 지키는 것입니다.

자유를 주시기 위해 오신 예수님

하나님은 모든 그리스도인이 참된 자유를 누리며 살기를 원하십니다. 그러나 인간은 자유를 잃어버렸습니다. 성경은 모든 사람이 죄를 범하여 하나님의 영광에 이를 수 없게 되었다고 말씀합니다(롬 3:23). 죄로 말미암은 억압과 속박에 얽매여서 염려하고 근심하며 살아갑니다.

그런데 성경은 인간이 해결할 수 없는 죄의 문제를 해결하고, 하나님의 영광에 이를 수 있는 기쁜 소식을 전하고 있습니다..

예수께서 이르시되 내가 곧 길이요 진리요 생명이니 나로 말미암지 않고는 아버지께로 올 자가 없느니라 요 14:6

예수 그리스도를 통하여 하나님께 나아갈 수 있다는 것입니다. 그렇기 때문에 성경은 "진리를 알지니 진리가 너희를 자유롭게 하리라"(요 8:32)고 말씀합니다.

진리이신 예수님을 바로 아는 것이 구원에 이르는 길이고, 구원에 이르는 자가 하나님이 주시는 자유를 누릴 수 있습니다. 예수 그리스도 없이는 그 누구도 결코 자유로울 수 없습니다.

그런데 요한복음 17장 17절에는 말씀이 진리라고 기록되어 있습니다. 예수님이 진리라고 말했는데 이건 또 무슨 말입니까?

말씀이 육신이 되어 우리 가운데 거하시매 요1:14

태초에 예수님은 말씀으로 계셨습니다. 말씀이 육신이 되어 이 땅에 오셨는데, 그분이 예수님입니다. 말씀이신 예수 그리스도가 우리를 자유케 하기 위해 오셨습니다. 예수님을 믿고, 그분을 구원자요 주님으로 영접하는 자는 자유를 얻을 수 있습니다.

자유한가

그리스도께서 우리를 자유롭게 하려고 자유를 주셨으니 그러므로 굳건하게 서서 다시는 종의 멍에를 메지 말라 갈 5:1

성경은 자유함을 누리는 일에 굳게 서서 다시는 종의 멍에를 메지 말라고 하십니다. 쉽게 말해서 내가 받은 자유를 포기하지 말고, 잃어버리지 말고, 그 자유를 잘 지켜서 자유롭게 살라는 것입니다. 다시는 율법의 노예, 죄의 노예가 되지 말고 거기서 벗어나 참된 자유를 누리라고 권면합니다.

죄로부터 자유합니까? 많은 그리스도인들이 이 질문에 제대로 답하지 못합니다. 우리는 죄로부터 자유함을 얻어 그 신분이 자유인이 되었지만, 여전히 속박과 염려와 근심과 두려움이 우리를 옭아매고 있습니다. 돈 걱정, 자식 걱정, 직장 걱정, 결혼 걱정, 이루 말할 수 없이 많은 문제들이 우리를 둘러싸고 있습니다.

염려와 걱정이 있는데도 자유하다고 할 수 있습니까? 그렇지 않습니다. 자유란 염려와 근심, 두려움, 공포가 없는 것입니다.

몸이 아픈데 무슨 자유가 있습니까? 내 몸과 마음에 상처가 있고, 내 몸에 장애가 있고, 내가 굉장히 어렵게 사는데, 어떻게 자유할 수 있겠습니까? 자유로울 수 없습니다. 신분은 자유인이지만 우리 삶은 결코 자유롭지 못합니다.

그런데 성경이 말씀하는 자유란 사회적으로 정의하는 자유와는 차이가 있습니다.

성경의 자유는 그리스도가 주신 자유입니다. 죄로부터의 자유, 영원한 지옥과 저주와 형벌로부터의 자유를 말합니다. 우리가 자유하다는 말은 이 모든 것으로부터 자유롭게 되었다는 것을 뜻합니다.

예수 믿는 사람은 지옥에 가고 싶어도 못 갑니다. 하나님이 예수 믿는 사람은 지옥에 안 보내겠다고 약속하셨기 때문입니다. 우리는 이렇게 죄로부터는 자유롭습니다. 지옥의 형벌로부터도 자유롭습니다.

그런데 그것이 전부가 아닙니다. "진리를 알지니 진리가 너희를 자유롭게 하리라"는 말씀은 우리가 천국에 가면 자유롭게 된다는 말씀이 아닙니다. 죄로부터, 영원한 지옥의 형벌로부터, 저주로부터 자유할 뿐만 아니라 이 땅의 삶에서도 자유를 누린다는 의미입니다. 그런데 우리 삶은 어째서 자유롭지 못합니까?

왜 자유하지 못하는가

요한복음 11장에는 나사로와 마리아, 마르다 가정의 이야기가 나옵니다. 마르다와 마리아의 오라버니인 나사로가 병이 들어 죽었습니다.

나사로는 '여호와를 의지한다. 나의 의지는 여호와밖에 없다'는 뜻입니다. 돈을 의지하는 사람이 아닙니다. 세상의 명예와 권세를 의지하는 사람이 아닙니다. '주님만 의지하는 사람'이 나사로입니다. 그런 나사로가 죽은 지 벌써 나흘이나 되었습니다.

이미 장사도 지냈고 시체 썩는 냄새까지 났습니다.

예수님이 그제야 그 집에 찾아오셔서 방성대곡하는 마리아와 마르다에게 말씀하십니다.

"너희 오빠가 살아날 거야."

그랬더니 마리아가 대답합니다.

"우리도 마지막 날에 오빠가 다시 살아난다는 것을 알아요."

그러자 주님이 다시 말씀하십니다.

"아니야, 네가 믿으면 오늘 살아난다."

그리고 예수님은 나사로의 무덤으로 가셨습니다. 유대인들의 무덤은 굴로 되어 있고, 굴 입구를 큰 돌로 막아 놓습니다. 주님이 말씀하십니다.

"돌을 옮겨 놓으라."

그러자 마르다가 말합니다.

"주여 죽은 지가 나흘이 되었으매 벌써 냄새가 나나이다."

시체가 썩어서 냄새가 나는데 돌을 왜 옮기냐는 것입니다. 성경에는 기록되지 않았지만 아마 거기에 모인 모든 사람들이 그렇게 생각했을 것 같습니다.

'미쳤나 봐, 예수가 정신이 온전하질 않아. 아니, 왜 장사 지낸 무덤을 열라는 거야?'

정상적인 사람이라면 이미 장사를 지낸 무덤을 다시 열지 않기 때문입니다. 돌을 옮겨 놓으니 예수님이 말씀하십니다.

"나사로야, 나오라."

그러자 어떤 일이 일어났습니까?

> 죽은 자가 수족을 베로 동인 채로 나오는데 그 얼굴은 수건에 싸
> 였더라 예수께서 이르시되 풀어 놓아 다니게 하라 하시니라
> 요 11:44

나사로가 베로 동여맨 채로 나왔습니다. 그가 살아난 것입니다. 죽음에서 자유를 얻은 것입니다. 그런데 몸을 동여맨 베로 인해 제대로 움직이지는 못했습니다. 그러자 예수님이 베를 풀어 놓아 다니게 하라고 하셨습니다.

나사로가 무덤에서 일어나는 순간, 죽음에서 자유를 얻었지만 행동은 자유롭지 못했습니다. 죄의 결과로 묶인 결박의 상태를 풀어내기 전에는 자유롭지 못하다는 것입니다.

우리도 그렇습니다. 우리는 예수 그리스도를 구주와 주님으로 영접하여 구원 받은 하나님의 자녀가 되었으므로 지옥에는 가지 않습니다. 천국 백성이 된 것입니다. 그러나 우리의 신분은 천국 백성이 되었어도, 아담의 범죄로 인해 물려받은 죄의 결과가 우리의 자유를 제한하고 있습니다.

죄의 결과로 우리는 부정적인 생각을 할 때도 있고, 세상의 유혹을 받을 때도 있습니다. 감정을 추스르지 못해 화를 내기도 하고, 염려와 근심 속에 살아갈 때도 있습니다. 원죄로부터 내려온 죄의 결과로 말미암아 온전한 자유를 누리지 못하며 살아갈 때가 많다는 것입니다.

그러나 우리는 죄에 영원히 얽매여 살아갈 사람들이 아닙니다. 예수 그리스도께 얻은 생명은 우리로 하여금 얽매인 것들을 하나씩 벗겨 내 자유와 기쁨을 누릴 수 있게 해 주기 때문입니다.

그렇습니다. 자유인이 되었다고 다 온전히 자유를 누리며 살아가는 것은 아닙니다. 아직도 우리를 자유롭지 못하게 하는 베줄이 있습니다. 근본적인 죄의 문제는 해결이 되었지만 여전히 우리를 자유롭지 못하게 하고 속박하는 것들이 얼마나 많은지 모릅니다. 예수님을 믿는다는 것, 신앙생활을 한다는 것은 그것들로부터 자유롭게 되는 과정입니다.

양에겐 목자만 있으면 된다

다윗의 시를 기억하십니까?

The LORD is my shepherd, I shall not be in want

여호와는 나의 목자시니 내게 부족함이 없으리로다 .

그는 '여호와가 나의 목자가 되어주셔서 부족함이 없다'고 했습니다. 그래서 자유로이 찬양할 수 있었습니다.

내가 내 인생의 목자 노릇을 하면, 더 좋은 곳으로 가고 싶은 유혹을 떨쳐 낼 수 없습니다. 더 많은 풀을 얻고 싶은 욕망에서 벗어날 수 없습니다. 하지만 주님이 나의 목자가 되시면, 더 이상 바랄 것이 없습니다. 그분이 필요에 따라 공급해 주시고, 가장 좋은 길로 인도해 주실 것을 알기에 자유로울 수 있습니다.

'여호와는 나의 목자시니'라고 말할 수 있는 사람은 자신이 양과 같다는 것을 아는 사람입니다. 양은 어떤 특징이 있습니까? 우선 양은 방향 감각이 없습니다. 한 번 길을 잃으면 절대 스스로 집을 찾아올 수 없습니다.

그뿐 아닙니다. 양이 멀리서 보면 하얗지만, 가까이서 보면 얼마나 더러운지 모릅니다. 양은 결코 스스로 깨끗해질 수 없습니다. 게다가 양은 방어 능력도 없어서 맹수들이 공격하면 그대로 당할 수밖에 없습니다.

그런데 양은 성질도 고약하다고 합니다. 겨울에는 어떻게든 떨어져 살고, 여름에는 똘똘 뭉쳐 사는 것을 보고 사람들이 여름에는 다른 양이 시원할까 봐 붙어서 살고, 겨울에는 다른 양이 따뜻할까 봐 떨어져 산다고 우스개로 말할 정도로 양은 성질이 고약한 데가 있습니다.

양은 이처럼 문제가 많습니다. 방향 감각도 없고, 스스로 깨끗하게도 못하고, 방어 능력도 없는데, 성질은 나빠서 친구 잘되면 배 아파합니다. 양의 이런 모든 문제를 해결하려면 어떻게 해야 합니까?

목자가 있으면 됩니다. 목자만 있으면, 양은 목자가 가라는 대로 가고, 주는 대로 먹으며, 목자가 씻어 주고 맹수들로부터 지켜 주면 됩니다.

다윗은 양을 치며 그것을 깨달은 것입니다. 그래서 노래할 수 있었습니다.

> 여호와는 나의 목자시니 내게 부족함이 없으리로다 그가 나를 푸른 풀밭에 누이시며 쉴 만한 물가로 인도하시는도다 내 영혼을 소생시키고 자기 이름을 위하여 의의 길로 인도하시는도다 내가 사망의 음침한 골짜기로 다닐지라도 해를 두려워하지 않을 것은 주께서 나와 함께하심이라 주의 지팡이와 막대기가 나를 안위하시나이다 시 23:1-4

여호와는 나의 목자

미국의 한 어린아이가 심한 고통 가운데서 암과 투병하고 있었습니다. 암으로 죽어 가는 소년을 위로하기 위해 부모가 애를 썼지만 한계가 있었습니다.

어느 날 엄마가 아들에게 시편 23편을 읽어 줍니다.

"The Lord is my shepherd, I shall not be in want"(여호와는 나의 목자시니 내게 부족함이 없으리로다).

그리고 이야기해 줍니다.

"아들아, 힘들고 어려울 때, 고통이 찾아올 때, 다섯 단어를 기억하며 기도하렴."

엄지는 The, 검지는 Lord, 장지는 is, 약지는 my, 소지는 shepherd, 손가락을 하나씩 짚으면서 하나님 앞에 기도하라고 일러줍니다.

그날부터 아이는 고통이 찾아오면 손가락을 하나씩 만지면서 "주님은 나의 목자이십니다. 주님은 나의 목자이십니다"라고 기도했습니다. 그런데 고통이 심할 때는 그것도 어려웠습니다. 엄마는 작은 반지를 아이의 네 번째 손가락에 끼워 줬습니다.

"아들아, 그분은 네 하나님이야. 그분이 너를 지켜 주실 거야. 네가 정말 고통스러울 때는 네 번째 손가락을 기억하렴. 그분이 '너의' 하나님이심을 기억하렴."

어느 날 밤이었습니다. 그날도 고통이 극심했습니다. 이튿날 아침 엄마가 잠에서 깨어났을 때, 아들은 여전히 잠 속에 있는 것 같았습니다. 그런데 자세히 보니 아이는 이미 세상을 떠나 있었습니다. 싸늘하게 식은 아들의 시신을 정리하면서 엄마는 깜짝 놀랐습니다. 아들이 오른손으로 왼손 네 번째 손가락을 굳게 붙잡고 있었던 것입니다.

엄마는 그 아들의 시신을 안고 울며 기도했습니다.

"하나님, 하나님은 우리 아들의 하나님이었습니다. 내 아들의 하나님이었습니다."

우리는 양이라 참 문제가 많고, 염려도 많고, 두려움과 걱정도 많습니다. 돈 걱정, 자식 걱정, 결혼 걱정, 직장 걱정, 시험 걱정, 건강 걱정, 모든 게 걱정되고 염려됩니다. 언제 이 세상을 떠날지 모른다는 죽음에 대한 막연한 공포도 있습니다. 그럴 때 이렇게 외쳐 보십시오.

'여호와는 나의 목자시니!'

그분이 우리의 목자이시며 우리의 하나님이십니다. 거기에서 참된 자유가 옵니다. 여호와가 우리의 목자가 되시는데 무엇이 두렵고 무엇이 무섭겠습니까? 모든 상황과 환경을 뛰어넘어 하나님이 주시는 자유를 누리며 살기를 바랍니다.

JESUS
FIRST

PART 3

행하다

09 낮은 자세로 섬기라

내가 진실로 진실로 너희에게 이르노니 한 알의 밀이 땅에 떨어져 죽지
아니하면 한 알 그대로 있고 죽으면 많은 열매를 맺느니라 자기의 생명
을 사랑하는 자는 잃어버릴 것이요 이 세상에서 자기의 생명을 미워하는
자는 영생하도록 보전하리라 사람이 나를 섬기려면 나를 따르라 나 있는
곳에 나를 섬기는 자도 거기 있으리니 사람이 나를 섬기면 내 아버지께
서 그를 귀히 여기시리라

요 12:24-26

1989년에 개봉한 〈똑바로 살아라〉라는 미국 영화가 있습니다. 원래 제목은 'Do The Right Thing'입니다. 'Do things right'가 아니라 'Do the right thing', 즉 '일을 똑바로 하라'가 아니라 '똑바른 일을 하면서 살라'는 것입니다.

또 다른 영화로 1985년에 제작된 〈Runaway Train〉이 있습니다. 우리나라에서는 〈폭주 기관차〉라는 제목으로 상영되었습니다. 알래스카를 배경으로 한 두 탈주범의 이야기입니다.

'스톤 헤이븐'이라는 중범죄자 교도소에서 두 사람이 탈출을 합니다. 이 탈주범들이 천신만고 끝에 달리는 기차에 올라탔습니다. 그런데 그들이 기차에 올라탄 지 얼마 안 돼 기관사가 심장마비로 죽고 말았습니다. 기차는 마치 고삐 풀린 망아지처럼 앞으로만 달려가고, 기차 안에는 탈주범 두 사람과 승무원이 타고 있습니다. 헬리콥터로 이 탈주범들을 쫓아온 경찰이 기차 안에 승무원이 있다는 사실을 알고 어떻게든 기차를 멈추려 애를 씁니다. 이 영화에서 너무 인상 깊어 그 부분만 여러 번 돌려 본 장면이 있습니다.

젊은 탈주범이 이야기합니다.

"나는 큰 꿈이 있다. 프레스코 외곽 반마일 정도 되는 곳에 사탕수수밭 사람들이 이용하는 은행이 있는데, 그 은행을 털고 싶다. 그 돈으로 파티를 열고, 라스베이거스에 가서 물 쓰듯 그 돈을 쓰고 싶다."

그 말을 들은 늙은 탈주범이 젊은 탈주범에게 말합니다.

"무슨 그런 꿈이 있냐. 그 꿈은 집어치워라. 내가 너한테 가르쳐 줄 게 하나 있다. 지금이라도 취직을 해라. 그리고 열심히 일해라. 어쩌면 접시를 닦고, 화장실 청소를 하는 그런 일일지도 모르겠다. 네가 열심히 접시를 닦으면 저녁에 주인이 와서 이게 그릇을 닦은 거냐며 다시 닦으라고 할 거다. 너는 기분이 매우 상해서 그 얼굴을 쳐다보지 못하고 바닥만 쳐다보고 있을 거야. 만약 얼굴을 쳐다보면 너는 또 그 주인을 죽일 테니까. 그렇지만 참고 또 접시를 닦아라. 금요일 저녁이 되면 너는 급료를 받을 거야. 그리고 그 급료를 받고 살아라. 그렇게 계속 살다 보면, 너는 어느 날 은행 총재가 될 수도 있을 거야."

그러자 이 젊은 탈주범이 늙은 탈주범에게 당신은 그렇게 할 수 있느냐고 묻습니다. 늙은 탈주범이 말합니다.

"난 그렇게 못해. 나도 그렇게 할 수 있으면 좋겠어. 하지만 나는 너무 늦었어."

똑바로 살 수 있는 인생의 좋은 기회를 다 보내고, 자기는 이미 늙었다는 것입니다. 그런데 너는 젊으니까 지금이라도 그렇게 살면 된다고 말합니다. 어리석은 생각은 버리고, 바른 일을 하면서 똑바로 살라는 것입니다.

신앙생활, 똑바로 하고 있는가?

저는 이 영화가 오늘날 예수 믿는다고 말하는 우리에게 '신앙생활 똑바로 하라'고 말하는 것 같았습니다. 그럭저럭 '믿는 사람'이라는 이름만 달고 사는 것이 아니라, '정말로 똑바로 살아라, 예수 믿는 사람답게 제대로 살아라'고 주님이 말씀하시는 것 같았습니다.

세상에는 이런 말들이 있습니다.

'폼 나게 살아라. 고상하게 살아라. 멋지고 근사하게 살아라. 착하게 살아라. 점잖게 살아라. 정직하게 살아라. 겸손하게 살아라. 감사하며 살아라. 선하게 살아라.'

또 어떤 이들은 이렇게 말합니다.

'단순하게 살아라. 편안하게 살아라. 건강하게 살아라. 노후를 즐겁게 살아라. 가슴 뛰는 삶을 살아라. 지금 이 순간을 살아

라. 물 흐르듯이 살아라. 눈물 나도록 살아 봐라. 오늘이 마지막 날인 것처럼 살아라. 영원히 살 것처럼 꿈꾸고, 내일 죽는 것처럼 살아라. 아들아, 네 인생을 살아라. 딸아, 너의 인생을 살아라. 네가 원하는 인생을 살아라. 돈 걱정 없이 한 번쯤 살아 봐라. 남을 위해 살지 말고 이기적으로 살아라.'

우리는 도대체 무엇을 위해 살아가고 누구를 위해 살아가야 합니까? 우리 삶의 중심은 누구여야 합니까? 우리 삶의 목적이 무엇이며, 어떤 것을 궁극적인 목표로 삼아야 합니까? 내 삶에 가장 우선순위로 두어야 할 최고의 가치는 과연 무엇입니까? 이런 질문에 분명하게 답할 수 있습니까?

인생의 우선순위가 무엇입니까? 건강입니까? 돈입니까? 아니면 명예입니까? 선거철만 되면 금배지 달고 여의도에 입성해 보겠다고 애를 쓰는 사람들이 있습니다. 그게 굉장히 좋긴 좋은가 봅니다.

하지만 국회의원이 되고, 장관이 되고, 그 무엇이 되더라도 궁극적으로 하나님의 영광을 위하여 살지 않으면 다 헛된 것입니다. 대한민국 대통령이 대단하지 않습니까? 미국의 대통령은 얼마나 대단합니까? 그러나 온 천하를 벌벌 떨게 하는 권세와 지위를 가졌어도, 그토록 좋아하는 돈과 부귀영화를 가졌어도 그것은 잠시뿐입니다. 영원히 가질 수 있는 것이 아닙니다.

명예가, 건강이, 부유한 재물이 우리를 행복하게 하는 게 아닙니다. 성경은 오늘 먹고 살 것이 있고, 사랑할 수 있고, 나누고 섬길 수 있다면 그것이 행복이라고 합니다. 오늘 마음 놓고 하나님을 예배하고, 이웃과 화목하게 살 수 있다면 그게 행복이라고 말합니다. 참된 평안은 예수 그리스도 안에 있는 것입니다.

> 평안을 너희에게 끼치노니 곧 나의 평안을 너희에게 주노라 내가 너희에게 주는 것은 세상이 주는 것과 같지 아니하니라 너희는 마음에 근심하지도 말고 두려워하지도 말라 요 14:27

명예와 권세와 물질이 줄 수 없는 평안을 우리 주님이 주십니다. 그러므로 내 삶의 중심에는 예수 그리스도가 있어야 합니다. 그분이 내 모든 삶의 첫 번째가 될 때 우리는 세상이 알 수 없는 평안을 가진 하나님의 백성으로 살아갈 수 있습니다.

> 우리가 살아도 주를 위하여 살고 죽어도 주를 위하여 죽나니 그러므로 사나 죽으나 우리가 주의 것이로다 롬 14:8

이것이 그리스도인의 삶입니다. '단순하게 산다', '평안하게 산다', '착하게 산다' 등의 말들은 좋은 말이지만, 예수를 믿지 않는 사람도 듣는 말입니다. 그러나 예수를 믿지 않는 사람은 주를 위하여 살거나 주를 위하여 죽는다는 표현을 절대 하지 않습니다. 오직 예수 믿는 사람만이 그렇게 말할 수 있습니다.

> 그런즉 너희가 먹든지 마시든지 무엇을 하든지 다 하나님의 영광을 위하여 하라 고전 10:31

> 그런즉 너희는 먼저 그의 나라와 그의 의를 구하라 그리하면 이 모든 것을 너희에게 더하시리라 마 6:33

하나님의 영광을 위하여 살아가는 삶, 그것이 그리스도인의 삶입니다. '이 모든 것'은 무엇을 먹고, 마시고, 입을까 염려하며 구하게 되는 의식주에 관한 모든 것입니다. 주님은 "'그런 것'들은 이방인들이나 구하는 것이니, 너희가 먼저 하나님의 나라와 의를 구하면 그런 것들은 알아서 다 채워 주실 것"이라고 말씀하십니다.

그런데 우리는 이 '먼저 해야 될 것'을 두고 '세상의 것'을 먼저 하고 있습니다. 돈, 명예, 권세, 자식, 탐욕, 목숨, 썩어질 것, 유한한 것, 가지고 가지 못할 것, 생명 없는 것을 위하여 살아갑니다. 그런 것들에 우리의 젊음을 드리고, 시간을 드리고, 열정을 드리고, 모든 것을 다 쏟아 붓습니다. 그러나 이런 것들은 결국 다 두고 갈 것입니다.

> 예수께서 이르시되 내가 진실로 너희에게 이르노니 나와 복음을 위하여 집이나 형제나 자매나 어머니나 아버지나 자식이나 전토를 버린 자는 현세에 있어 집과 형제와 자매와 어머니와 자식과 전토를 백 배나 받되 박해를 겸하여 받고 내세에 영생을 받지 못할 자가 없느니라 막 10:29-30

예수님은 "나와 복음을 위하여 살아야 한다"고 말씀하십니다. 주님의 뜻을 이루기 위한 삶, 주님의 거룩한 이름을 위한 삶을 살아야 한다고 말씀하십니다. 초대교회 사도들은 공회 앞에서 채찍질을 당하고 매를 맞으면서도 "나 같은 게 어떻게 주님을 위하여 이렇게 고난을 받을 수 있는가?" 하면서 기뻐하고 감사하며 떠나갔습니다.

예수님을 따르라

요한복음 12장 24-26절의 사건은 예수님이 이 땅에서 보내신 마지막 유월절 엿새 전에 있었던 일입니다. 고난 주간의 목요일이 유월절이고, 그로부터 엿새 전 금요일, 이제 막 안식일이다가오는 그때를 가리킵니다. 금요일 해가 지면 안식일이 오는 것입니다. 그때 예수님이 베다니에 있는 나사로, 마리아, 마르다, 세 남매가 살고 있는 집으로 가십니다.

유대인의 큰 무리가 예수님이 베다니 나사로의 집에 있다는 소식을 듣고 몰려왔습니다. 수많은 사람들이 나사로가 죽었다 살아난 일로 인해 예수를 믿게 되었고, 예수님을 찾아온 것입니다. 그러나 무리 중에는 예수님을 죽이고, 나사로까지 죽이기 위해 찾아온 종교 지도자들도 있었습니다.

얼마나 많은 사람들이 예수님을 믿고 따랐던지 바리새인들이 "볼지어다 너희 하는 일이 쓸데없다 보라 온 세상이 그를 따르는도다"(요 12:19)라고 했습니다.

"명절에 예배하러 올라온 사람 중에 헬라인 몇이 있는데 그들이 갈릴리 벳새다 사람 빌립에게 가서 청하여 이르되 선생이여 우리가 예수를 뵈옵고자 하나이다 하니"(요 12:20-21)라는 대목에서 예수를 좇는 무리 중에는 헬라인들도 있었음을 알 수 있습니다.

빌립과 안드레, 그리고 이 헬라인들이 예수님을 만나러 왔을 때, 예수님은 "인자가 영광을 얻을 때가 왔다" 하면서 다음과 같이 말씀하셨습니다.

내가 진실로 진실로 너희에게 이르노니 한 알의 밀이 땅에 떨어져 죽지 아니하면 한 알 그대로 있고 죽으면 많은 열매를 맺느니라 자기의 생명을 사랑하는 자는 잃어버릴 것이요 이 세상에서 자기의 생명을 미워하는 자는 영생하도록 보전하리라 사람이 나를 섬기려면 나를 따르라 나 있는 곳에 나를 섬기는 자도 거기 있으리니 사람이 나를 섬기면 내 아버지께서 그를 귀히 여기시리라

요 12:24-26

예수님은 26절에서 "사람이 나를 섬기려면 나를 따라야만 한다. 나 있는 곳에 그도 나와 함께 있어야 한다"고 말씀하십니다. 나를 섬기며 나와 함께하는 자를 하나님이 귀하게 여기신다고 말씀하십니다.

생각해 보십시오. 주님은 이 땅에 가장 낮은 자로 오셨습니다. 주님은 가난한 곳에 오셨습니다. 주님은 썩어지는 밀알의 자리에 오셨습니다. 주님은 십자가를 지기 위해 오셨습니다. 섬김 받는 자리가 아니라, 섬기는 자리에 오셨습니다. 마구간에 오셨습니다. 나사렛 시골 동네에 오셨습니다. 가난한 자, 병든 자, 장애인, 도움이 필요한 자 곁에 오셨습니다.

주님은 섬김 받는 자리에 계시지 않았습니다. 주님은 늘 섬기는 자리에 계셨습니다. 그런데 참 이상한 것은 사람들은 자신

이 섬김 받는 자리를 좋아한다는 겁니다. 반대로 섬기는 자리는 좋아하지 않습니다.

제가 섬기는 교회가 제법 큰 교회여서 그런지 목사님들 모임에 가면 저한테 자꾸 높은 자리를 주려고 합니다. 그렇지 않아도 제가 높은 자리를 좋아하는데, 그 자리를 자꾸 준다고 하니까 시험에 들 때가 있습니다.

십자가에서 죽는 자리, 비난 받고 조롱 받는 자리, 채찍질 당하는 자리, 십자가를 지고 골고다를 걸어가는 그 자리에 우리 주님이 계십니다. 낮은 자리에 주님은 계셨습니다.

그 주님이 오늘 우리에게 말씀하십니다.

"나를 따르려면 그곳으로 가야 한다. 마구간으로, 섬기는 자리로, 병든 자가 있는 자리로, 가난한 자리로, 헐벗고 냄새나는 그 자리로 가야 한다."

내 발바닥에 말똥 묻힐 각오를 하고 마구간으로 내려가야 예수님이 계신데, 정작 우리는 탄탄대로를 좋아하고 화려한 곳을 좋아하고 높은 곳을 좋아합니다. 권세 있는 자리, 대접 받는 자리, 명예의 자리, 부유한 자리를 좋아합니다.

그래서 예수님은 우리에게 이렇게 말씀하십니다.

사람이 나를 섬기려면 나를 따르라 나 있는 곳에 나를 섬기는 자

도 거기 있으리니 사람이 나를 섬기면 내 아버지께서 그를 귀히
여기시리라 요 12:26

NEI(영양과 교육인터내셔널)를 설립한 권순영 박사는 1972년에
고려대학교를 졸업하고 미국으로 유학을 가서 UC데이비스대학
과 오하이오주립대학에서 식품생화학으로 박사학위를 받았습
니다. 1986년에는 세계적인 식품회사인 '네슬레'에 입사하여 의
료식품 개발을 담당하는 연구원이 되었고, 그 후 안정된 직장에
서 인정을 받으며 풍족한 삶을 살았습니다.

2002년에 그는 아프가니스탄을 갔다가 한 병원에서 영양실
조에 걸린 열여섯 살의 소녀를 만나게 되었습니다. 그 소녀에게
"너희 엄마는 어디 있니?" 하고 묻자 소녀가 "내가 엄마인데 내
아기가 영양실조에 걸렸으니 도와달라"는 말을 해서 큰 충격을
받았습니다.

아프가니스탄은 출산 중 사망률이 세계에서 두 번째로 높은
나라입니다. 산모 5명 중 한 명이 출산 중 사망합니다. 어렵게
태어난 아기들 중에서 25%가 5세가 되기 전에 목숨을 잃습니
다. 5세까지 살아남은 아이들 중에서도 50%는 성장지연증에 걸
린다고 합니다. 빈번하게 일어나는 전쟁으로 인해 남성 사망률
이 높아서 남편과 아버지를 잃고 빈곤에 내몰린 여성과 아이들

이 영양실조에 걸리고 있습니다.

권순영 박사는 아프간에 콩을 심어야겠다는 생각을 했습니다. 아이들의 성장 발육에 가장 중요한 것이 단백질인데, 혼란스러운 아프가니스탄에서 콩만한 단백질 식품이 없다고 판단했기 때문입니다.

2003년에 그는 NEI를 설립하고 아프가니스탄에 콩을 심고 두유 만드는 방법을 전수하기 시작했습니다. 그는 회사의 임원이어서 1년에 휴가를 5주 쓸 수 있는데, 모든 휴가를 아프가니스탄에서 보냈습니다. 하지만 그것으로는 역부족이라는 것을 느끼고 결국 2008년에 다니던 회사를 그만두고 전적으로 아프가니스탄에서 일을 하기 시작했습니다.

주변의 많은 사람들은 왜 좋은 직장을 그만두고 아프가니스탄처럼 위험한 곳으로 가느냐고 만류했지만, 권순영 박사는 콩을 심기 위해 자신의 모든 것을 포기하고, 아프가니스탄으로 떠났습니다.

10여 년이 지난 지금, 아프가니스탄 전역에서 콩이 재배되고 있습니다. 심지어 아프가니스탄 사람들이 주식으로 먹는 '난'에 콩을 섞어 '소이난'을 주식으로 먹을 정도가 되었습니다. 아프가니스탄의 곳곳에 두유를 만드는 공장이 세워졌고, 굶주림 속에 살아가던 많은 아이들이 새 생명을 얻고 있습니다. 아프가니스탄에는 콩만 심겨진 것이 아닙니다. 그곳엔 그리스도의 사랑이 함께 심겨졌습니다.

하나님이 나를 존귀하게 여기시기를 원합니까? 그러면 섬김의 자리로 가야 합니다. 예수님이 계신 그 자리로 가야 합니다. 그곳에서 예수님 중심으로 그분이 원하는 삶을 살아가야 합니다. 낮은 자세로 사신 예수님의 삶이 우리 삶에도 나타나는지 돌아보십시오. 낮은 자세로 섬기는 우리의 모습에서 믿지 않는 사람들이 예수님을 보게 되기를 바랍니다.

10 삶으로 보여 줘라

그들의 발을 씻으신 후에 옷을 입으시고 다시 앉아 그들에게 이르시되 내가 너희에게 행한 것을 너희가 아느냐 너희가 나를 선생이라 또는 주라 하니 너희 말이 옳도다 내가 그러하다 내가 주와 또는 선생이 되어 너희 발을 씻었으니 너희도 서로 발을 씻어 주는 것이 옳으니라 내가 너희에게 행한 것같이 너희도 행하게 하려 하여 본을 보였노라 내가 진실로 진실로 너희에게 이르노니 종이 주인보다 크지 못하고 보냄을 받은 자가 보낸 자보다 크지 못하나니 너희가 이것을 알고 행하면 복이 있으리라

요 13:12-17

탈무드에 나오는 이야기입니다. 어느 날 한 로마인이 랍비를 찾아와 "당신들이 믿는 하나님을 보여 주시오! 그럼 나도 하나님을 믿겠소!" 하고 말했습니다. 랍비는 말없이 그 로마인을 햇빛이 밝게 비추는 집 밖으로 데리고 나가 말했습니다.

"저 해를 한 번 똑바로 쳐다보시오. 그러면 내가 하나님을 당신에게 보여 주리다."

그러자 로마인은 눈부신 햇빛을 가리며 말했습니다.

"말도 안 되는 소리 집어치우시오! 어떻게 사람의 눈으로 저렇게 밝은 해를 똑바로 쳐다볼 수 있단 말이오!"

랍비는 웃으며 그에게 말했습니다.

"저 해도 똑바로 보지 못하면서 어떻게 저 해를 만드신 하나님을 보여 달라는 거요?"

이야기 속 로마인처럼, 세상 사람들은 하나님을 보여 달라고 말합니다. 눈에 보이지 않는데 어떻게 믿을 수 있느냐고 조롱하기도 합니다. 예수님도 그런 요구를 받으신 적이 있습니다.

> 빌립이 이르되 주여 아버지를 우리에게 보여 주옵소서 그리하면
> 족하겠나이다 요 14:8

예수님은 그 요구에 이렇게 대답하셨습니다.

> 예수께서 이르시되 빌립아 내가 이렇게 오래 너희와 함께 있으되
> 네가 나를 알지 못하느냐 나를 본 자는 아버지를 보았거늘 어찌하
> 여 아버지를 보이라 하느냐 요 14:9

예수님을 본 자는 하나님 아버지를 본 것이라고 말씀하십
니다. 예수님은 눈에 보이지 않는 하나님을 자신의 삶을 통해
보여 주셨습니다. 주님은 일평생 하나님을 드러내는 삶을 사셨
습니다. 그리고 제자들에게 아주 중요한 말씀을 하십니다.

> 내가 진실로 진실로 너희에게 이르노니 나를 믿는 자는 내가 하는
> 일을 그도 할 것이요 요 14:12

예수님을 믿는 사람이라면, 예수님이 하신 일을 할 수 있다고

말씀하십니다. 그것을 통해 세상에 하나님을 보여 주는 삶을 살 수 있다는 것입니다. 그렇다면 예수님이 하신 일이 무엇입니까?

표적으로 하나님이 드러난다

> 예수께서 온 갈릴리에 두루 다니사 그들의 회당에서 가르치시며 천국 복음을 전파하시며 백성 중의 모든 병과 모든 약한 것을 고치시니 마 4:23

예수님이 하신 일은 회당에서 가르치고, 천국 복음을 전파하며, 모든 약한 자들을 고치는 일이었습니다. 주님은 우리가 정말 예수님을 믿는 사람이라면, 이런 일을 할 수 있다고 하십니다. 조금 더 과감하게 말하면, 이런 일을 해야 우리가 예수님의 제자라고 하십니다.

물론 예수님이 하신 일은 이 세 가지 말고도 많습니다. 사도 요한은 예수님이 행하신 일을 낱낱이 적는다면, 이 세상이 그 기록한 책을 두기에 너무 비좁을 것이라고 말했습니다. 그만큼 주가 하신 일이 많지만, 그 모두를 요약하면 'teaching'(가르침), 'preaching'(복음 전파), 'healing'(고치심)이 된다는 말입니다.

주님의 말씀대로라면 예수님을 믿는 사람은 예수님처럼 가르치고, 복음을 전하고, 고치는 일을 해야 합니다. 우리의 삶을 돌아보십시오. 누군가에게 말씀을 가르친 적이 있습니까? 복음을 전해 본 적이 있습니까? 병자를 고친 적이 있나요? 만일 없다면, 예수님을 제대로 믿는 삶을 살고 있는지 돌아봐야 합니다.

> 또 이르시되 너희는 온 천하에 다니며 만민에게 복음을 전파하라 믿고 세례를 받는 사람은 구원을 얻을 것이요 믿지 않는 사람은 정죄를 받으리라 믿는 자들에게는 이런 표적이 따르리니 곧 그들이 내 이름으로 귀신을 쫓아내며 새 방언을 말하며 뱀을 집어올리며 무슨 독을 마실지라도 해를 받지 아니하며 병든 사람에게 손을 얹은즉 나으리라 하시더라 막 16:15-18

예수님은 믿는 자들에게 따르는 표적에 대해서 말씀하십니다. 많은 사람들이 이런 일은 목사님같은 특별한 사람만 할 수 있다고 생각하지만, 주님은 믿는 자는 누구든지 이런 표적이 따른다고 말씀하셨습니다. 그렇다면 지금 우리의 삶은 어떠합니까?

바울이 아드라뭇데노 배를 타고 로마로 가던 중 풍랑을 만나 배가 산산조각 나는 위기를 겪었습니다. 간신히 멜리데라는 섬에 들어갔으나 거기서 독사에 물렸습니다.

우리가 구조된 후에 안즉 그 섬은 멜리데라 하더라 비가 오고 날이 차매 원주민들이 우리에게 특별한 동정을 하여 불을 피워 우리를 다 영접하더라 바울이 나무 한 묶음을 거두어 불에 넣으니 뜨거움으로 말미암아 독사가 나와 그 손을 물고 있는지라 원주민들이 이 짐승이 그 손에 매달려 있음을 보고 서로 말하되 진실로 이 사람은 살인한 자로다 바다에서는 구조를 받았으나 공의가 그를 살지 못하게 함이로다 하더니 바울이 그 짐승을 불에 떨어 버리매 조금도 상함이 없더라 그들은 그가 붓든지 혹은 갑자기 쓰러져 죽을 줄로 기다렸다가 오래 기다려도 그에게 아무 이상이 없음을 보고 돌이켜 생각하여 말하되 그를 신이라 하더라 **행 28:1-6**

바울 일행이 온몸이 바닷물에 젖어 있으니까 섬에 살던 원주민들이 불쌍히 여겨 불을 피워 줬습니다. 바울이 나무 단을 불에 넣었는데, 그때 숨어 있던 독사가 바울의 손을 물었습니다. 멜리데 사람들은 '이제 바울은 죽었구나' 하고 생각했습니다.

그런데 바울이 뱀을 툭 털어 버렸고 시간이 지나도 뱀의 독으로 인한 증상이 나타나지 않았습니다. 주님이 "뱀을 집어올리며 무슨 독을 마실지라도 해를 받지 아니하며"(막 16:18)라고 말씀하신 것처럼 바울은 조금도 상하지 않았습니다.

사도 바울이었으니까 가능했다고 생각합니까? 혹은 초대교회 시대에 한정적으로 일어났던 일이라고 생각합니까?

아닙니다. 주님은 누구든지 믿는 자에게는 이런 표적이 따른다고 약속하셨습니다. 오늘날 수많은 선교지에서는 지금도 이런 표적이 나타나고 있다고 보고되고 있습니다. 선교 지역에는 선교사들의 복음 전파 사역을 훼방하는 일들이 많이 일어납니다. 심한 곳은 선교사들의 목숨을 빼앗기 위해 먹는 물에 독을 타는 일도 있다고 합니다. 그런데 놀랍게도 선교사들이 독이 든 물을 마시고도 아무런 증상이 나타나지 않아, 오히려 독을 넣은 사람들이 두려움을 느끼고 회심하는 경우가 많다고 합니다. 기도를 통해 병든 자들을 고친 사례는 부지기수입니다.

예수님을 믿는 사람이라면 누구든지 이런 표적이 따르게 되어 있습니다. 특별한 은사를 받은 사람이나 신령하다고 소문난 목사에게만 따르는 것이 아닙니다. 제대로 된 신앙을 갖고 자신의 영광이 아닌 하나님의 영광을 위해 기도하는 성도들을 통해 하나님은 오늘도 표적을 보여 주십니다.

말씀 성취로 하나님이 드러난다

사도행전에는 빌립이 사마리아에서 전도했다는 기록이 있습니다.

그 흩어진 사람들이 두루 다니며 복음의 말씀을 전할새 빌립이 사마리아성에 내려가 그리스도를 백성에게 전파하니 무리가 빌립의 말도 듣고 행하는 표적도 보고 한마음으로 그가 하는 말을 따르더라 많은 사람에게 붙었던 더러운 귀신들이 크게 소리를 지르며 나가고 또 많은 중풍병자와 못 걷는 사람이 나으니 그 성에 큰 기쁨이 있더라 행 8:4-8

사마리아 지역에 빌립을 통해 복음이 전파되고, 표적이 나타났습니다. 빌립은 초대교회의 열두 사도가 말씀과 기도에 집중할 수 있도록 돕기 위해 뽑힌 7명의 봉사자(스데반, 빌립, 브로고로, 니가노르, 디몬, 바메나, 니골라) 가운데 한 사람입니다.

그는 사도가 아니었습니다. 그런데 하나님은 빌립을 통해 사마리아에 복음이 전파되게 하셨고, 놀라운 표적을 보여 주셨습니다. 이 사건이 갖는 중요한 의미가 있습니다.

사도행전 8장에는 빌립의 이야기가 나오고, 9장부터는 바울의 이야기가 나옵니다. 사도행전은 사도들을 통해 온 유대에 복음이 증거되고, 빌립을 통해 사마리아에 복음이 전파되며, 바울을 통해 땅끝까지 복음이 전파되는 모습을 보여 주고 있습니다. 이는 "오직 성령이 너희에게 임하시면 너희가 권능을 받고 예루살렘과 온 유대와 사마리아와 땅끝까지 이르러 내 증인이 되리라 하시니라"(행 1:8) 하신 예수님 말씀의 성취를 보여 줍니다.

빌립은 예수님의 말씀을 성취하는 일에 삶을 드렸습니다. 얼마나 큰 영광입니까? 예수님은 오늘도 신실한 성도들을 통해 그분의 말씀이 진리이며, 그분의 말씀은 반드시 성취된다는 것을 세상에 보여 주길 원하십니다.

자녀의 특권을 누림으로 하나님이 드러난다

> 영접하는 자 곧 그 이름을 믿는 자들에게는 하나님의 자녀가 되는 권세를 주셨으니 요 1:12

예수님을 믿는 자들에게는 하나님의 자녀가 되는 권세를 주신다고 합니다. 여기서 권세는 특권으로도 말할 수 있습니다. 하나님의 자녀가 되는 것이 왜 특권입니까?

하나님 앞에 언제든지 나아갈 수 있기 때문입니다.

구약시대에는 하나님을 만나는 것이 아주 어려웠습니다. 레위기에 보면 대제사장이 하나님이 임재하시는 지성소에 들어갈 때 지켜야 할 복잡한 규례가 나와 있습니다. 아무리 대제사장이라 할지라도, 그 규례를 어기면 죽임을 면치 못했습니다. 이렇듯 하나님 앞에 나아간다는 것은 두렵고 어려운 일이었습니다.

그런데 예수님이 그 길을 활짝 열어젖히셨습니다. 예수님이 십자가에 달려 돌아가실 때 성소와 지성소를 가로막고 있던 휘장이 위에서부터 아래로 갈라졌는데, 이는 하나님이 친히 휘장을 가르신 것입니다. 예수님을 믿어 하나님의 자녀가 된 자들은 누구든지 은혜의 보좌 앞으로 담대히 나올 수 있게 하신 것입니다. 예수님을 믿는 자들에게는 그런 특권이 있습니다.

그뿐이 아닙니다. 자녀는 부모에게 유산을 물려받습니다. 하나님의 자녀가 되는 것이 특권인 이유는 하나님 나라를 유업으로 물려받기 때문입니다. 사람들은 부유한 아버지로부터 많은 유산을 물려받은 사람들을 부러워합니다. 하물며 우주 만물의 주인이신 하나님이 아버지입니다. 그 아버지로부터 물려받는 유산이라면 얼마나 대단하겠습니까? 예수님을 믿는 자들은 이렇듯 놀라운 특권을 가지고 있습니다.

문제는 그렇게 놀라운 특권을 가지고 있는데, 정작 그런 특권이 있는지도 모른 채 살아가는 성도들이 많다는 것입니다.

어려운 일을 만났을 때 하나님의 은혜의 보좌 앞으로 나아가 기도하기보다는 의지할 수 있는 사람을 먼저 찾습니다. 우주 만물을 유업으로 받은 존재임에도 불구하고 작은 세상의 물질과 명예의 노예가 되어 살아가기도 합니다.

그런 삶으로는 결코 예수님을 드러낼 수 없습니다. 우리가 가진 특권을 기억하십시오. 온 우주 만물이 부러워할 만한 특권이 우리에게 있습니다. 그 특권을 행사하며 살아가기를 바랍니다.

낮아져야 하나님이 드러난다

요한복음 13장에는 예수님이 이 땅에서 보여 주신 마지막 모습이 기록되어 있습니다.

예수님은 유월절 마지막 만찬을 잡수시고 제자들의 발을 씻기십니다. 이는 당시로선 상상하기 힘든 파격입니다. 종이 주인의 발을 씻겨 드리고, 제자가 스승의 발을 씻겨 드리는 것이 당연했으나 주님이며 선생님인 예수님은 반대로 행하셨습니다.

발을 닦아 준다는 것은 무엇을 의미할까요? 상대방의 허물과 추함까지도 사랑하겠다는 것입니다. 가장 낮은 자, 즉 종이되어 섬기겠다는 것입니다. 그것이 바로 예수 믿는 자들이 세상에 보여 줘야 할 모습입니다. 오늘날 교회가 세상의 발을 닦아 주지 않으니까, 세상이 그 발로 교회를 차는 것입니다.

종이 되어 다른 사람의 발을 씻겨 주는 삶을 살아야 합니다. 우리가 낮아질 때 예수님이 높아지십니다. 낮은 자리로 내려가서 세상이 외면하는 일을 감당해야 합니다. 우리가 그렇게 살아갈 때 세상 사람들의 눈에 하나님이 보일 것입니다.

나라의 독립과 국운을 책임질 젊은이를 양육하는 데 헌신한 조만식 장로와 같은 사람이 이 시대에 필요합니다. 조만식 장로가 교장으로 있던 오산학교 출신인 주기철은 훗날 목사가 되어 조만식 장로가 다니던 교회에 담임목사로 부임하였습니다. 어느 주일 아침 조만식 장로가 예배 시간에 조금 늦자, 주기철 목사가 조만식 장로에게 "장로님, 오늘은 서서 예배를 드리십시오!" 했습니다. 자기를 가르친 선생님더러 예배 시간에 조금 늦었다고 서서 예배드리라고 한 것입니다.

예배 후 주기철 목사가 서서 예배를 드린 조만식 장로에게 기도하라고 하자 그는 이렇게 기도했습니다.

"살아 계신 하나님, 저의 죄를 용서해 주십시오. 거룩한 주일에 하나님 만나는 것보다 사람 만나는 것을 더 중요시하다가 예배 시간에 늦어 하나님 앞에 죄를 지었습니다. 용서해 주십시오. 하나님 용서해 주십시오. 주의 종 주기철 목사님의 마음에 심려를 끼친 죄를 용서해 주십시오. 하나님 용서해 주십시오. 마땅히 성도들의 본이 되어야 할 장로가 본이 되지 못하여 예배 시간에 늦었습니다. 하나님 용서해 주십시오."

그날 교회는 울음바다가 되었습니다. 하나님이 살아 계심을 믿으면 이렇게 낮아질 수 있습니다. 조만식 장로는 그냥 민족의 위인이 아니며, 주기철 목사는 그냥 일사각오의 목사가 아닙니다. 두 분의 모습은 어쩌면 오늘 우리가 잃어버린 모습이 아닐까요?

하나님이 살아 계심을 믿기 때문에 바른 목회를 할 수 있습니다. 하나님이 살아 계심을 믿기 때문에 참된 교회가 될 수 있습니다. 세상은 바른 목회를 하고 참된 교회가 된 그리스도인들을 보고 하나님을 발견할 수 있습니다.

소금으로, 빛으로

> 너희는 세상의 소금이니 소금이 만일 그 맛을 잃으면 무엇으로 짜게 하리요 후에는 아무 쓸데없어 다만 밖에 버려져 사람에게 밟힐 뿐이니라 너희는 세상의 빛이라 산 위에 있는 동네가 숨겨지지 못할 것이요 사람이 등불을 켜서 말 아래에 두지 아니하고 등경 위에 두나니 이러므로 집 안 모든 사람에게 비치느니라 이같이 너희 빛이 사람 앞에 비치게 하여 그들로 너희 착한 행실을 보고 하늘에 계신 너희 아버지께 영광을 돌리게 하라 마 5:13-16

예수님을 믿는 사람이라면 소금처럼, 빛처럼 살라 합니다. 소금은 음식의 맛을 내고, 부패하는 것을 방지해 줍니다. 인생의 참 맛을 보여 주는 사람, 정결하고 거룩한 삶을 사는 사람, 그게 바로 예수 믿는 사람의 모습이어야 한다는 것입니다.

빛은 열을 냅니다. 어두움을 밝힙니다. 예수 믿는 사람이 있는 곳은 늘 분위기가 따뜻해야 합니다. 냉랭한 세상을 따뜻하게 해야 합니다. 예수 믿는 사람들은 세상 사람들에게 어떻게 사는 것이 인생을 참되게 사는 것인지 알려 주는 삶을 살아야 합니다. 흑암의 권세에 갇힌 자들에게 복음의 빛을 비춰 구원의 길로 인도하는 삶을 살아야 합니다.

소금과 빛의 공통점이 무엇입니까? 자신이 녹아지고, 태워지는 것입니다. 다른 말로 하면 기꺼이 내가 먼저 희생하고 내가 먼저 손해 보는 삶을 살아야 한다는 것입니다. 그렇지 않고는 결코 소금과 빛의 역할을 감당할 수 없습니다.

믿지 않는 사람들이 믿는 우리를 보고 "손해인 줄 알면서 양보하니 저 사람은 정말 다르네" 해야지 "우리랑 다를 게 없네. 아니 오히려 더 나쁜 것 같아" 하면 곤란합니다. 우리가 소금과 빛으로 살아갈 때 세상은 우리에게서 하나님을 발견하게 됩니다.

세상은 하나님을 보고 싶어 합니다. 주님은 우리가 삶으로 하나님을 보여 주라고 말씀하십니다. 소금이 되고 빛이 되는 삶, 자신을 비우고 희생하는 삶을 살아가십시오. 모두가 하기 싫은 일, 만나고 싶지 않은 사람에게 먼저 손을 내미십시오. 겸손한 척하지 말고 진정으로 종이 되어 섬기십시오. 세상이 우리를 통해 하나님을 보게 되기를 바랍니다.

11 함께 걸으라

그날에 그들 중 둘이 예루살렘에서 이십오 리 되는 엠마오라 하는 마을
로 가면서 이 모든 된 일을 서로 이야기하더라 그들이 서로 이야기하며
문의할 때에 예수께서 가까이 이르러 그들과 동행하시나 그들의 눈이 가
리어져서 그인 줄 알아보지 못하거늘

눅 24:13-16

영국의 한 신문사에서 두둑한 상금을 걸고 퀴즈 광고를 냈습니다.

'런던에서 맨체스터까지 가장 빨리 가는 방법이 무엇인가?'

물리학자, 수학자, 설계사, 회사원, 학생들이 저마다 기발한 답을 적어 신문사에 보냈습니다. 며칠 뒤 1등으로 뽑힌 답이 발표되었는데, 그것은 바로 '좋은 친구와 함께 가는 것'이었습니다.

믿을 수 있는 좋은 친구와 함께 가는 길이라면, 그 길이 아무리 멀다 해도 결코 지루하지 않을 것입니다. 하지만 반대의 경우라면, 아무리 가까운 길이라도 더디게만 느껴질 것입니다.

인생은 런던에서 맨체스터까지 가는 길보다 훨씬 더 멀고 험난할 것입니다. 인생길에는 비바람이 불고, 천둥 번개가 치고, 끊임없이 위험하고 예상하지 못한 일들이 일어나기 때문입니다.

누가 우리의 길동무인가

동반자는 아랍어로 '라피끄'라고 합니다. '어려움을 함께하는 사람'이라는 의미가 있습니다. 어두운 동굴 안에서 무서워 떨고 있는 사람에게 "야, 그 안에서 무서워하지 말고 나처럼 밖으로 나와" 하는 것은 '라피끄'가 아닙니다.

어두운 동굴 안으로 묵묵히 걸어 들어가서 무서워 떨고 있는 그를 껴안아 주고, 보듬어 주고, 혹시라도 그에게 필요한 것이 있다면 아낌없이 주며 함께하는 것이 '라피끄'입니다.

비 오는 길가로 나가 우산을 씌워 주고 우산이 없다면 같이 빗속을 걸어 주는 사람, 모든 인생에 이런 동반자가 필요합니다.

개인이나 공동체, 회사, 국가도 좋은 동반자가 필요합니다. 마음을 터놓고 이야기할 수 있는 사람, 어려울 때 서로 의지하고 힘이 될 수 있는 사람, 언제든지 내 편이 되어 든든하게 곁을 지켜 줄 수 있는 그런 사람 말입니다.

하지만 좋은 동반자를 만나는 일이 결코 쉽지 않습니다. '이 사람이라면 평생을 함께할 만하다' 해서 결혼까지 했는데 두 달도 못 살고 이혼하는 경우도 있습니다. 생명이라도 줄 것 같던 친구가 어느 날 배신하고 떠나가기도 합니다. 좋은 동반자, 인생의 좋은 친구를 만나기란 결코 쉬운 일이 아닙니다.

예수를 믿는 사람들에겐 이런 동반자가 있습니다. 늘 곁을 지켜 주고 내 편이 되어 주며 어려울 때마다 도움의 손길을 내미는 동반자가 있습니다. 누구입니까? 예수님입니다.

> 볼지어다 내가 세상 끝날까지 너희와 항상 함께 있으리라 하시니라
> 마 28:20

느끼지 못할 때가 많아서 그렇지 사실 우리 곁에는 예수님이 항상 계십니다. 주님은 우리 곁을 절대 떠나지 않으십니다.

'Footprint in the sand'(모래 위의 발자국)이라는 글이 있습니다.

어느 날 한 사람이 밤에 꿈을 꾸는데, 끝없이 펼쳐진 하늘 아래 망망대해 옆으로 난 모래밭에 그가 살면서 남긴 발자국이 있었습니다. 그런데 다시 보니 모래밭에는 두 줄의 발자국이 있었습니다. 하나는 자신의 것이고 나머지 하나는 예수님의 것이었습니다.

그런데 이상하게도, 인생에서 가장 힘들고 어려웠을 때, 몹시 아팠을 때, 시험에 떨어져서 고민하고 번민했을 때, 친구들로부터 공격을 당하고 모함에 빠져 어려운 상황에 처했을 때는 발자국이 하나밖에 없었습니다. 그래서 주님께 물었습니다.

"주님, 이럴 수가 있습니까? 내 인생의 가장 어려울 때 주님은 대체 어디 계셨습니까?"

그러자 주님이 대답하셨습니다.

"나의 귀하고 보배로운 아들아, 나는 결코 너를 떠난 적이 없단다."

영어 원문에는 이렇게 되어 있습니다.

"My precious, precious child. I never never…."

그다음은 이렇게 되어 있습니다.

"I carry you"(내가 너를 업고 가고 있었어).

주님이 힘들고 괴롭던 그 순간에 그를 업고 갔다는 것입니다.

> 이와 같이 성령도 우리의 연약함을 도우시나니 우리는 마땅히 기도할 바를 알지 못하나 오직 성령이 말할 수 없는 탄식으로 우리를 위하여 친히 간구하시느니라 롬 8:26

우리는 마땅히 빌 바를 알지 못하여 기도하지 못할 때가 많습니다. 그런 때 성령님은 연약한 우리를 대신해 기도해 주십니다. 그것도 탄식하며 기도해 주십니다. 이렇게 좋은 길동무를 두고 왜 외롭다고 말합니까? 왜 아무도 없어서 괴롭다고 말합니까? 언제든 어디서든 함께하시는 성령님을 알아보기 바랍니다. 그리고 우리 인생길에 좋은 길동무가 되어 주시는 주님을 따라 우리도 누군가의 좋은 길동무가 되어 주면 좋겠습니다.

하나님과 동행한 사람 에녹

성경에는 하나님과 동행했던 사람들의 이야기가 수없이 많이 나옵니다.

창세기 5장에는 에녹이라는 사람이 65세에 '므두셀라'라는 아들을 낳고, 300년 동안 하나님과 동행하며 자녀를 낳았다고 기록되어 있습니다. '므두셀라'는 '그가 죽으면 심판이 온다'는 뜻입니다. 아들 이름을 참 이상하게도 지었다는 생각이 듭니다.

므두셀라의 아들이 라멕이고, 라멕의 아들이 노아입니다. 므두셀라는 182세에 라멕을 낳고, 라멕은 187세에 노아를 낳고, 노아가 600세 되던 해에 홍수가 났습니다. 노아의 할아버지 므두셀라는 969세에 죽었는데 그 해에 홍수가 났습니다. 그의 이름대로 그가 죽자 세상이 심판을 받았습니다.

에녹은 므두셀라를 낳은 후 300년간 하나님과 동행하며 살았는데, 므두셀라가 감기만 걸려도 부들부들 떨었을 것입니다. '내 아들이 죽으면 심판이 오는데…'를 늘 염두에 두고 살았을 것이기 때문입니다.

> 아담의 칠대 손 에녹이 이 사람들에 대하여도 예언하여 이르되 보라 주께서 그 수만의 거룩한 자와 함께 임하셨나니 유 1:14

에녹은 생전에 하나님이 심판하러 오신다는 생각으로 살았을 뿐 아니라 심판의 사건을 전하며 살았습니다. 300년 동안 "하나님의 심판이 있습니다"고 전한 에녹은 자신은 심판을 보지 않고 하나님 품으로 갔습니다.

창세기 6장 5절은 온 세상이 죄악으로 가득하게 되었다고 전합니다. 그런데 그때 하나님이 한 사람을 택하셨는데, 바로 노아입니다.

그러나 노아는 하나님께 은혜를 입었더라 창 6:8

온 세상에 죄악이 광연했으나 노아는 그럼에도 불구하고 하나님의 은혜를 입었다고 합니다.

노아는 의인이요 당대에 완전한 자라 그는 하나님과 동행하였으며 창 6:9

아무리 세상이 죄악으로 관영하여도, 하나님의 은혜를 입은 사람은 하나님과 동행하는 삶을 살 수 있습니다.

갈수록 세상 살기 참 어렵다고 합니다. 경제는 얼어붙었고, 일자리를 찾지 못한 청년들은 미래가 없다고 호소합니다. 지금

60대의 사람들이 20대 때는 대기업을 골라서 갈 정도로 일자리가 많았는데, 지금은 대기업은 고사하고 중소기업도 들어가기 어려운 상황입니다. 경제뿐입니까? 들어 보지도 못한 질병들이 창궐하고 있습니다.

하지만 아무리 경제가 어렵고, 듣도 못한 질병들이 창궐해도, 하나님의 은혜를 입은 사람은 주님과 동행하므로 승리하는 삶을 살 수 있습니다. 그러므로 매일 매 순간 하나님이 자격 없는 자에게 값없이 주신 은혜를 묵상하며 그 힘으로 살아가십시오. 그럴 때 주님과 동행하는 삶의 족적을 남기게 될 것입니다.

주님이 늘 함께하심을 믿으라

이스라엘의 도시 텔아비브에는 1958년에 세워진 홀로코스트 기념관인 '야드바셈'이 있습니다. 홀로코스트 기념관은 나치에 의해 희생당한 유대인을 추모하기 위해 세워진 곳입니다. 그곳에는 한 선생이 공포에 떨고 있는 아이들을 보듬고 있는 조형물이 있는데, 이 선생은 코르작(Januse Korczak)이라는 폴란드 사람입니다.

의사이며 작가였던 코르작 선생은 자신의 일을 모두 포기하고 유대인 전쟁고아들을 보살피는 데 헌신하고 있었습니다. 그러던 어느 날 아이들을 기차에 태워야 한다는 명령이 떨어졌습니다. 유대인 아이들까지도 학살을 하기 시작한 것입니다. 코르작은 죽음 앞에 놓인 아이들을 살리기 위해 여러 가지 방법을 찾았지만, 결국 아이들은 죽음으로 가는 기차에 올라야 했습니다. 이때 코르작은 "우리 아이들이 기차를 처음 타서 무서워하면 누군가 손을 잡아 줘야 하지 않겠나? 난 결코 이 아이들 곁을 떠나지 않을 것이네"라고 말하며 아이들과 함께 기차에 올랐고, 그들과 함께 죽음을 맞았습니다.

이스라엘 사람들은 그런 코르작 선생을 역사적으로 가장 위대한 스승으로 여기며 조형물을 세우고 그를 기리고 있습니다.

우리에게도 자기 목숨을 내어 주기까지 우리를 사랑하신 분이 계십니다. 예수님입니다. 지금도 그분은 우리 곁을 지키며 감싸 안아 주십니다. 어떤 위험한 일이 닥쳐도 그 주님이 함께하신다는 것을 믿는다면, 공포가 아니라, 두려움이 아니라, 오히려 주님이 주시는 평안을 얻을 수 있습니다.

왜 불안하고 두렵고 안절부절못합니까? 주님이 함께하심을 잊어버리기 때문입니다. 어린아이들은 엄마 품에만 있으면 전쟁이 일어나거나, 탱크가 지나가거나, 군인이 오거나, 포탄이 쏟아져도 무섭지 않습니다. 무슨 일이 있어도 엄마 품에만 있으면 괜찮다고 느낍니다. 마찬가지로 아무리 모진 일이 닥쳐도 그 상황보다 크신 주님이 우리와 함께하심을 믿으면 두렵지 않습니다.

불안하지 않습니다. 엄마 품에 안긴 아이들처럼 우리도 주님 품에 안겨 있으면 됩니다.

미국에 도자기나 골동품을 보면 사지 않고는 견디지 못하는 골동품 수집가가 있었습니다. 그는 엄청나게 큰 고미술품 가게를 운영하면서 언론인으로도 활동했습니다. 어느 날 그는 매우 가슴 뛰는 소식을 들었습니다. 유럽의 명문가에서 가보로 내려오는 도자기가 있다는 것입니다. 그날부터 밤잠을 설치던 그는 마침내 짐을 꾸려 유럽으로 건너갔습니다.

하지만 몇 년간 도자기를 찾아 유럽의 구석구석을 다녔지만 소용이 없었습니다. 그러다 그 도자기를 미국의 한 언론인이 사 갔다는 소식을 듣고 다시 미국으로 돌아와 샅샅이 뒤진 끝에 마침내 그 언론인을 찾았습니다. 그 언론인은 바로 자신이었습니다. 오래전, 자기가 사서 집 창고에 갖다 놓은 것을 잊고 있었던 것입니다. 도자기는 가장 가까운 곳에 있었지만, 그 사실을 알지 못한 채 수년의 세월만 허비한 것입니다.

우리가 곧 이 골동품 수집가 같지 않습니까? 주님은 늘 우리와 함께 계시는데 "주님 저와 함께해 주세요" 하고 울부짖을 때가 얼마나 많습니까? 주님이 나의 등 뒤에서 나를 지키시고 보호해 주시는데, 앞이 캄캄하고 막막하다고 불안해할 때가 얼마나 많습니까? 주님이 내 앞에서 인도해 주시는데, 길이 보이지 않는다고 제멋대로 갈 때가 얼마나 많습니까?

우리에겐 '라피끄'가 있습니다. 나보다 더 나를 잘 아시는 동반자, 사망의 음침한 골짜기에서조차 나와 함께하시는 동반자, 바로 예수 그리스도입니다. 예수님은 우리가 그분을 믿는 그 순간부터 우리와 세상 끝날까지 함께하신다고 약속하셨습니다.

주님과 함께 걸어가십시오. 주님이 우리와 함께 걷고 계시다는 사실을 잊지 마십시오. 세상이 우리를 조롱하고 비방해도 엄마의 품에 안긴 어린아이처럼 주님 품에 안겨 두려워하지 마십시오. '라피끄' 되신 예수님과 평생 동행하는 삶을 살기를 바랍니다.

12 예수님만 바라보라

이러므로 우리에게 구름같이 둘러싼 허다한 증인들이 있으니 모든 무거운 것과 얽매이기 쉬운 죄를 벗어 버리고 인내로써 우리 앞에 당한 경주를 하며 믿음의 주요 또 온전하게 하시는 이인 예수를 바라보자 그는 그 앞에 있는 기쁨을 위하여 십자가를 참으사 부끄러움을 개의치 아니하시더니 하나님 보좌 우편에 앉으셨느니라 너희가 피곤하여 낙심하지 않기 위하여 죄인들이 이같이 자기에게 거역한 일을 참으신 이를 생각하라

히 12:1-3

초등학교 운동회에서 빠지지 않는 경기 중 하나는 바로 달리기 시합입니다. 운동회에서 친구들에게 지지 않으려고 온 힘을 다해 달렸던 기억이 있을 것입니다. 누구든지 1등을 하고 싶어 하기 때문입니다.

달리기를 할 때 상하 방향의 힘이 반복해서 발생하는데, 이 상하의 힘이 클수록 빨리 달릴 수 있다고 합니다. 그래서 골프공 같이 무게가 있는 공을 쥐고 달리면 팔이 잘 흔들려 더 빨리 달릴 수 있다고 합니다. 물론 과학적 원리일 뿐으로 개인차가 있을 수는 있습니다.

많은 사람들이 달리기를 할 때 속도를 중요시 합니다. 물론 속도가 중요합니다. 하지만 그보다 더 중요한 것이 방향입니다. 아무리 빠른 속도로 달려도 목표 지점이 틀리면 소용이 없기 때문입니다.

목표를 명확히 알아야 합니다. 어디로 가야 하는지, 최종 목적지가 어디인지 알고 달려야 합니다.

신앙생활도 마찬가지입니다. 히브리서 기자는 '우리 앞에 당한 경주를 하라'고 권면합니다(히 12:1). 달리기 시합에서 필사적으로 뛰는 선수들의 모습을 떠올려 보십시오. 우리의 신앙생활이 마치 그와 같아야 한다는 것입니다. 중간에 멈추고, 포기하고, 되돌아가는 것이 아니라, 온 힘을 다해 목적지를 향해 달려가는 것이 신앙생활이라는 것입니다.

그런데 신앙의 경주에서도 역시 속도보다 중요한 것이 방향입니다. 어디를 향해 가야 하는지, 누굴 향해 가는 것인지, 신앙의 목적지를 분명히 알고 경주에 임해야 합니다.

누구를 바라보고 있는가

> 믿음의 주요 또 온전하게 하시는 이인 예수를 바라보자 히 12:2

히브리서의 기자는 신앙생활의 목적지가 예수 그리스도라고 가르쳐 줍니다. 영어 성경은 "Fix our eyes on Jesus"(네 눈을 예수님께 고정시켜라)라고 번역했습니다. 좀 더 쉽게 말하면, 다른 것 쳐다보지 말고 예수님께 고정시킨 채 달리라는 것입니다.

한눈팔지 말고, 딴생각하지 말고 유일한 목적지인 예수님만 바라보라고 말씀합니다. 세상 권세나 명예, 돈이나 세상의 쾌락을 쳐다보지 말고 예수님만 바라보며 신앙생활이라는 경주를 완주하라고 하십니다.

누구를 바라보며 사는가, 인생의 목적을 어디에 두고 사는가는 너무나도 중요합니다. 인생의 마지막이 달라지기 때문입니다. 예수를 바라보며, 그분을 목적지 삼는 사람의 결말은 예수 그리스도와 함께 영원한 하나님 나라에 거하는 것입니다. 그러나 예수를 믿는다면서도 여전히 세상을 향한 시선을 거두지 못한 사람은 세상과 함께 멸망하는 결말에 이르게 됩니다.

신학자 앤드루 머리(Andrew Murray)는 '예수를 바라보는 것'에 대해 이렇게 말했습니다.

"예수를 바라보고, 그의 사랑을 바라보되, 그 사랑으로 네 마음이 불붙기까지 바라보는 게 예수를 바라보는 것이다."

좋을 때도, 힘들 때도, 어려울 때도, 기분 좋을 때도, 아침에도, 점심에도, 저녁에도, 항상 주님만 바라보고 그분을 유일한 목적으로 삼고 살아야 한다는 것입니다.

도달하고 싶은 목적지가 어디입니까? 세상을 바라보고 살고 있습니까, 예수님을 바라보고 살고 있습니까?

바라보는 대상을 닮게 되어 있다

예수님을 바라보는 삶을 사는 것이 중요한 이유가 또 있습니다. 사람은 누구나 바라보는 대상을 닮게 되기 때문입니다.

한 심리학과 교수가 여러 부부들을 대상으로 흥미로운 연구를 한 적이 있습니다. 먼저 부부들의 신혼 시절 사진을 남녀별로 나누어 섞어 놓고, 사람들에게 서로 닮아 보이는 얼굴끼리 맞춰 보라는 실험을 했습니다. 그 결과 부부끼리 짝이 맞춰진 사진은 거의 없었습니다.

교수는 이어서 25년을 함께 살고 난 부부의 사진을 놓고 같은 실험을 했습니다. 그 결과 부부끼리 맞춰진 사진이 이전보다 월등히 많았습니다. 부부들 대부분이 신혼 시절에는 별로 닮지 않았다 해도, 오랜 시간을 함께 살면서 서로 닮게 된다는 것이 입증된 것입니다.

부부는 평생 서로를 바라보며 함께 울고, 함께 웃습니다. 무의식적으로 상대의 표정과 감정을 그대로 따르게 됩니다. 그렇다 보니 감정을 표현하는 얼굴 근육의 모양도 바뀌어 결국 비슷한 얼굴을 하게 될 수밖에 없다는 것입니다.

예수님을 바라보며 사는 사람도 예수님을 닮게 되어 있습니다. 예수님을 바라보면 그분께는 없는데 내게는 가득한 것들이 보이기 시작합니다. 미움과 시기와 질투, 거짓과 불평과 불만,

게으름과 나태, 교만과 욕심 등과 같은 것들이 보입니다. 예수님을 바라보면서 그런 것이 내 안에 가득함을 부끄러워하면 돌이키고 비워 내게 됩니다.

그리고 내게는 없고 예수님께는 충만한 것들로 채워 가게 됩니다. 이 과정이 신앙생활입니다. 날마다 예수님께 없는 것들을 비워 내고, 예수님께 있는 것들로 채워 가고 있다면 제대로 된 방향으로 달리고 있는 것입니다.

예수 그리스도를 영접하고 10년, 20년, 30년 혹은 일생 동안 믿음을 유지하며 산다는 것이 얼마나 대단한 일인지 모릅니다. 도중에 포기하고 곁길로 가는 사람들도 많고, 이단에 미혹되어 빠지는 사람들도 많기 때문입니다. 이런 면에서 볼 때, 예수를 믿고 오랫동안 신앙생활을 하고 있다는 것이 얼마나 귀하고 복된 일인지 모릅니다.

그러나 거듭 강조하지만, 달리기를 얼마나 오래 했느냐보다 목적지에 얼마나 가까이 이르렀느냐가 중요한 것처럼 신앙의 연조가 얼마나 오래되었느냐보다 예수님을 얼마나 닮았느냐가 더 중요합니다. 아무리 오래 달렸어도 목적지와 상관없는 곳으로 달렸다면, 돌아오는 과정이 더 힘들어질 뿐입니다. 그렇기 때문에 내 삶에 예수님을 닮아 가는 흔적들이 나타나고 있는지 계속 확인해야 합니다.

예수님이 아닌 세상에 한눈을 팔고 있다면, 세상을 닮은 모습이 나타나게 되어 있습니다. 지금 당신의 삶엔 예수님을 닮은 흔적들이 나타나고 있습니까, 아니면 세상을 닮은 흔적들이 나타나고 있습니까?

예수만 바라보라

> 이러므로 우리에게 구름같이 둘러싼 허다한 증인들이 있으니
> 히 12:1

히브리서 기자는 왜 '우리에게 구름같이 둘러싼 허다한 증인들이 있다'고 말했을까요?

히브리서 11장은 '믿음장'이라는 별명을 가지고 있습니다. "믿음으로 아벨은, 믿음으로 에녹은, 믿음으로 노아는" 하며 계속해서 믿음의 조상들이 보여 준 삶이 어떠했는지를 설명하기 때문입니다.

히브리서 기자는 이렇듯 믿음으로 산 사람들이 셀 수 없을 만큼 많다고 하면서 그들이 모두 믿음으로 산 결과 하나님 나라를 유업으로 받았다고 말합니다. 그런 다음 예수님을 믿는 자들이 구름같이 둘러싸고 있다고 말합니다.

우리도 "믿음의 주요 또 온전하게 하시는 이인 예수를 바라보며" 산다면 그들처럼 믿음의 경주를 마치고 허다한 증인의 무리에 속하게 될 것입니다. 그들이 믿은 하나님과 오늘 우리가 믿는 하나님은 동일하신 분이기 때문입니다.

예수 그리스도는 어제나 오늘이나 영원토록 동일하시니라
히 13:8

아브라함도 하나님을 바라보며 살았습니다. 요셉도, 모세도, 수많은 선지자들도, 다윗도 모두 하나님을 바라보며 살았습니다. 그래서 그들은 믿음의 경주를 완주할 수 있었습니다.

하나님은 변함없이 동일하신 분이기에 우리도 예수님을 바라보며 살면 믿음의 경주를 완주할 수 있습니다. 그렇기에 예수 그리스도를 바라보며 믿음으로 살아가는 것은 결코 헛된 일이 아닙니다.

이 땅에 발을 딛고 살아가다 보면 때로 힘든 일도 만나고, 어려운 상황에 처하기도 해서 예수님을 바라보는 시선이 흔들릴 수 있습니다. 거칠고 험악한 세상에서 염려와 고민이 많아질 수도 있습니다. 질병의 위협도 있고, 끊임없는 유혹도 있을 것입니다. 그런 상황에서도 예수 그리스도 한 분께 우리의 시선을 고정시키려면 어떻게 해야 할까요?

> 그러므로 함께 하늘의 부르심을 받은 거룩한 형제들아 우리가
> 믿는 도리의 사도이시며 대제사장이신 예수를 깊이 생각하라
> 히 3:1

히브리서 기자는 어떤 상황이라도 흔들림 없이 예수 그리스
도를 향해 가기 위해서는 그분을 깊이 생각해야 한다고 가르칩
니다. 왜 그렇습니까? 히브리서 3장 1절은 '그러므로'라는 단어
로 시작합니다. 바로 전에 나오는 내용이 중요하다는 것입니다.
바로 전에 어떤 내용이 나옵니까?

> 그가 시험을 받아 고난을 당하셨은즉 시험 받는 자들을 능히 도우
> 실 수 있느니라 히 2:18

예수 그리스도도 우리처럼 시험을 받으셨고, 고난을 당하셨
기 때문에 그렇다는 것입니다. 예수님은 우리와 같은 모습으로
이 땅에 오셔서, 시험과 고난의 여정을 걸으셨습니다. 그래서 누
구보다 우리의 상황을 잘 이해하십니다. 우리의 마음을 누구보
다 잘 헤아리시고 얼마든지 도와주실 수 있는 분입니다.

바로 그 예수님을 깊이 생각하라는 것입니다. 고난의 때뿐만 아니라, 평온할 때도 그분을 생각하는 훈련을 해야 합니다. 그래야 고난 앞에서도 흔들림 없이 예수 그리스도를 바라볼 수 있습니다.

스위스의 법률가이자 철학자인 카를 힐티(Carl Hilty)는 "현대인이 고난을 두려워하는 것은 하나님을 두려워하지 않기 때문이다"고 말했습니다. 종교개혁가 장 칼뱅(Jean Calvin)도 "하나님 한 분을 두려워하지 않는 것이 세상의 모든 것을 두렵게 한다. 하지만 하나님 한 분을 두려워하는 것이 세상 그 무엇도 두려워하지 않게 한다"고 말했습니다. 성 어거스틴(St. Augustine)은 "하나님을 두려워하라. 그리하면 사람들은 조금도 두렵지 않을 것이다"라고 말했습니다.

그렇습니다. 하나님을 두려워하는 사람은 세상을 두려워하지 않습니다. 하나님을 두려워하는 사람은 사람을 두려워하지 않습니다. 그런데 하나님을 두려워하지 않는 사람은 세상을 두려워하고, 사람을 두려워합니다.

평소에 얼마나 예수님을 생각하고 그분을 경외하며 살아가느냐가 중요합니다. 그래야 고난의 때에 예수 그리스도를 바라볼 수 있게 됩니다.

예수 그리스도를 깊이 생각하십시오. 그리고 그분을 바라보며 살아가십시오. 그러면 절망 가운데서도 희망이 생기고, 슬픔과 애통 가운데서도 참된 위로를 받을 수 있습니다. 건강하거나 병들거나 가난할 때나 부요할 때나 그 어떤 경우에도 주님만 바라보며 살아가길 바랍니다.

너새니얼 호손(Nathaniel Hawthorne)이 쓴《큰 바위 얼굴》을 아실 것입니다. 호손이 자란 미국의 뉴햄프셔주에는 큰 바위가 있는데, 옆에서 보면 마치 살아 있는 노인의 얼굴 같았습니다.《큰 바위 얼굴》은 호손이 이 바위를 배경으로 쓴 단편소설입니다.

주인공 어니스트와 마을 사람들은 '큰 바위 얼굴'과 비슷한 얼굴의 위대한 인물이 나타날 것이라는 믿음을 갖고 기다렸습니다. 큰 부자, 유명한 장군, 성공한 정치가 등이 나타났지만 그들은 모두 큰 바위 얼굴의 주인공이 아니었습니다.

어느덧 어니스트의 머리도 하얗게 바뀌고, 주변 사람들도 이미 세상을 떠났을 만큼 세월이 흘렀습니다. 어느 날 한 시인이 찾아와 어니스트와 이야기를 나누던 중 이렇게 외쳤습니다. "당신이 바로 큰 바위 얼굴이군요!" 시인은 어니스트의 모습에서 큰 바위 얼굴을 발견한 것입니다.

어니스트는 일생 동안 큰 바위 얼굴을 가슴에 담고 바라보다가 자기도 모르게 그 얼굴을 닮게 된 것입니다.

신앙생활도 그와 같습니다. 예수님을 바라보는 것입니다. 힘들 때나 기쁠 때, 아플 때나 건강할 때, 가난할 때나 부할 때, 시험에 떨어졌을 때나 승진했을 때도 주님을 바라보며 믿음의 자리를 지키는 것입니다. 그럴 때 주님이 주시는 기쁨과 평안으로 충만한 삶을 살 수 있습니다.

환경이나 어려운 처지를 바라보지 말고, 주님만 바라보십시오. 믿음이 없는 사람들은 안 된다고, 불가능하다고 말합니다. 그러나 믿음의 사람은 나는 불가능하지만 주님은 가능하시다고 말합니다.

주님이 아닌 다른 대상을 바라봤던 시선을 거두어 이제는 그분만 바라보십시오. 언제나 예수 그리스도를 깊이 생각하며 맑고 투명한 시선으로 그분을 바라보는 삶을 살아가기를 바랍니다.